Strawson | Freedom and Resentment

Great Papers Philosophie

Peter F. Strawson

Freedom and Resentment
Freiheit und Groll

Englisch / Deutsch

Herausgegeben und übersetzt von Thomas Meyer

Reclam

RECLAMS UNIVERSAL-BIBLIOTHEK Nr. 19579
2024 Philipp Reclam jun. Verlag GmbH,
Siemensstraße 32, 71254 Ditzingen
Gestaltung: Cornelia Feyll, Friedrich Forssman
Druck und Bindung: Esser printSolutions GmbH,
Untere Sonnenstraße 5, 84030 Ergolding
Printed in Germany 2024
RECLAM, UNIVERSAL-BIBLIOTHEK und
RECLAMS UNIVERSAL-BIBLIOTHEK sind eingetragene Marken
der Philipp Reclam jun. GmbH & Co. KG, Stuttgart
ISBN 978-3-15-019579-6

www.reclam.de

Freedom and Resentment
Freiheit und Groll

[187] PHILOSOPHICAL LECTURE

FREEDOM AND RESENTMENT

BY P. F. STRAWSON

Fellow of the Academy

Read 9 May 1962

Some philosophers say they do not know what the thesis of determinism is. Others say, or imply, that they do know what it is. Of these, some – the pessimists perhaps – hold that if the thesis is true, then the concepts of moral obligation and responsibility really have no application, and the practices of punishing and blaming, of expressing moral condemnation and approval, are really unjustified. Others – the optimists perhaps – hold that these concepts and practices in no way lose their *raison d'être* if the thesis of determinism is true. Some hold even that the justification of these concepts and practices requires the truth of the thesis. There is another opinion which is less frequently voiced: the opinion, it might be said, of the genuine moral sceptic. This is that the notions of moral guilt, of blame, of moral responsibility are inherently confused and that we can see this to be so if we consider the consequences either of the truth of determinism or of its falsity. The holders of this

PHILOSOPHISCHE VORLESUNG

FREIHEIT UND GROLL

VON P. F. STRAWSON

Gastwissenschaftler der Akademie
Gelesen am 9. Mai 1962

Einige Philosophen behaupten, sie wüssten nicht, was die These des Determinismus besagt. Andere behaupten oder implizieren, sie wüssten dies sehr wohl. Von diesen wiederum behaupten manche – vielleicht die Pessimisten –, dass die Begriffe der moralischen Verpflichtung und Verantwortung tatsächlich keine Anwendung finden würden, und dass die Praktiken des Bestrafens und Vorwerfens sowie die Praktiken, moralische Verurteilung und Billigung auszudrücken, tatsächlich nicht gerechtfertigt wären, sollte die These wahr sein. Andere – vielleicht die Optimisten – behaupten, dass diese Begriffe und Praktiken auf keinen Fall ihre *raison d'être* verlieren, wenn die These des Determinismus wahr sein sollte. Manche behaupten sogar, dass die Rechtfertigung dieser Begriffe und Praktiken erfordert, dass die These wahr ist. Noch eine weitere Meinung wird vertreten, die jedoch seltener direkt geäußert wird: die Meinung, so könnte man sagen, des genuinen Moralskeptikers. Sie besagt, dass die Begriffe der moralischen Schuld, des Vorwurfs und der moralischen Verantwortung an sich unstimmig seien und dass wir dies einsehen, wenn wir die Konsequenzen sowohl der Wahrheit als auch der Falschheit des Determinismus bedenken. Vertreter dieser Meinung

opinion agree with the pessimists that these notions lack application if determinism is true, and add simply that they also lack it if determinism is false. If I am asked which of these parties I belong to, I must say it is the first of all, the party of those who do not know what the thesis of determinism is. But this does not stop me from having some sympathy with the others, and a wish to reconcile them. Should not ignorance, rationally, inhibit such sympathies? Well, of course, though darkling, one has some inkling – some notion of what sort of thing is being talked about. This lecture is intended as a move towards reconciliation; so is likely to seem wrongheaded to everyone.

But can there be any possibility of reconciliation between such clearly opposed positions as those of pessimists and optimists about determinism? Well, there might be a formal withdrawal on one side in return for a substantial concession on the other. Thus, suppose the optimist's position were put like this: (1) the facts as we know them do not show determinism to be false; (2) the facts as we know them supply an adequate basis for the [188] concepts and practices which the pessimist feels to be imperilled by the possibility of determinism's truth. Now it might be that the optimist is right in this, but is apt to give an inadequate ac-

stimmen den Pessimisten zu, dass diese Begriffe keine Anwendung haben, sollte der Determinismus wahr sein, und fügen lediglich hinzu, dass sie eine solche Anwendung auch dann nicht haben, wenn der Determinismus falsch sein sollte. Sollte ich gefragt werden, zu welcher Gruppe ich gehöre, müsste ich antworten, dass es die erste ist, also die Gruppe derer, die nicht wissen, was die These des Determinismus besagt. Das hält mich jedoch nicht davon ab, Sympathien für die anderen Positionen sowie den Wunsch zu hegen, diese miteinander zu versöhnen. Doch müsste Unwissenheit solche Sympathien nicht eigentlich mit gutem Grund ausschließen? Natürlich hat man, wenn auch noch so dunkel, eine gewisse Ahnung – einen Begriff, wovon da die Rede ist. Dieser Vortrag versucht, einen Schritt in Richtung einer Versöhnung zu machen; so verstanden wird er wohl jedem als wenig durchdacht erscheinen.

Doch besteht überhaupt irgendeine Möglichkeit, zwei so einander entgegengesetzte Positionen wie diejenige der Pessimisten und die der Optimisten bezüglich des Determinismus miteinander zu versöhnen? Nun, vielleicht könnte es eine formale Zurücknahme auf der einen Seite für ein substantielles Eingeständnis auf der anderen geben. Nehmen wir an, die Position des Optimisten wäre wie folgt bestimmt: (1) die Tatsachen, wie wir sie kennen, zeigen nicht, dass der Determinismus falsch ist; (2) die Tatsachen, wie wir sie kennen, liefern eine angemessene Grundlage für die [188] Begriffe und Praktiken, von denen der Pessimist das Gefühl haben könnte, dass sie durch die mögliche Wahrheit des Determinismus gefährdet sind. Nun könnte es durchaus sein, dass der Optimist hierin richtig liegt, dass er jedoch dazu neigt, sowohl eine unangemessene Erklä-

count of the facts as we know them, and of how they constitute an adequate basis for the problematic concepts and practices; that the reasons he gives for the adequacy of the basis are themselves inadequate and leave out something vital. It might be that the pessimist is rightly anxious to get this vital thing back and, in the grip of his anxiety, feels he has to go beyond the facts as we know them; feels that the vital thing can be secure only if, beyond the facts as we know them, there is the further fact that determinism is false. Might *he* not be brought to make a formal withdrawal in return for a vital concession?

2. Let me enlarge very briefly on this, by way of preliminary only. Some optimists about determinism point to the efficacy of the practices of punishment, and of moral condemnation and approval, in regulating behaviour in socially desirable ways.[1] In the fact of their efficacy, they suggest, is an adequate basis for these practices; and this fact certainly does not show determinism to be false. To this the pessimists reply, all in a rush, that *just* punishment and *moral* condemnation imply moral guilt and guilt implies moral

1 Cf. P. H. Nowell-Smith, 'Freewill and Moral Responsibility', *Mind*, 1948.

rung der Tatsachen zu liefern, wie wir sie kennen, als auch eine unangemessene Erklärung davon, wie diese Tatsachen eine angemessene Grundlage für die fraglichen Begriffe und Praktiken bieten. Die Gründe, die er dafür angibt, dass diese Grundlage angemessen ist, könnten selbst unangemessen sein und etwas Wesentliches auslassen. Es wäre möglich, dass der Pessimist zu Recht bemüht ist, diese wesentliche Sache zurückzugewinnen, aber von dieser Bemühung ergriffen meint, hinter die Tatsachen, wie wir sie kennen, zurückgehen zu müssen; dass er das Gefühl haben könnte, dass die wesentliche Sache nur dann gesichert ist, wenn es hinter den Tatsachen, wie wir sie kennen, die zusätzliche Tatsache gibt, dass der Determinismus falsch ist. Könnte *er* vielleicht nicht dazu gebracht werden, eine formale Zurücknahme im Tausch für ein wesentliches Eingeständnis zu machen?

2. Lassen Sie mich kurz auf diesen Punkt in Form einer Vorbemerkung eingehen. Einige Optimisten bezüglich des Determinismus weisen auf die Wirkung von Praktiken des Strafens, ebenso wie von moralischer Verurteilung und moralischer Billigung hin, Verhalten auf sozial wünschenswerte Weise zu steuern.[1] In ihrer Wirksamkeit, so schlagen sie vor, liege eine angemessene Grundlage für diese Praktiken, und dies zeigt sicherlich nicht, dass der Determinismus falsch ist. Darauf antworten die Pessimisten in aller Eile, dass *gerechtes* Strafen und *moralische* Verurteilung moralische Schuld voraussetzen und dass moralische Schuld

1 Vgl. P. H. Nowell-Smith, »Freewill and Moral Responsibility«, in: *Mind* (1948).

responsibility and moral responsibility implies freedom and freedom implies the falsity of determinism. And to this the optimists are wont to reply in turn that it is true that these practices require freedom in a sense, and the existence of freedom in this sense is one of the facts as we know them. But what 'freedom' means here is nothing but the absence of certain conditions the presence of which would make moral condemnation or punishment inappropriate. They have in mind conditions like compulsion by another, or innate incapacity, or insanity, or other less extreme forms of psychological disorder, or the existence of circumstances in which the making of any other choice would be morally inadmissible or would be too much to expect of any man. To this list they are constrained to add other factors which, without exactly being limitations of freedom, may also make moral condemnation or punishment inappropriate or mitigate their force: as some forms of ignorance, mistake, or accident. And the general reason why moral condemnation or punishment are inappropriate when these factors or conditions are present is held to be that the practices in question will be generally efficacious means of regulating behaviour in desirable [189] ways only in cases where these factors are *not* present. Now the pessimist admits that the facts as we know them include the existence of freedom, the occurrence of cases of free action, in the negative sense which the optimist concedes; and admits, or rather insists, that the existence of freedom in this

moralische Verantwortung, moralische Verantwortung Freiheit und Freiheit die Falschheit des Determinismus voraussetze. Und hierauf wiederum antworten die Optimisten für gewöhnlich, dass diese Praktiken Freiheit in gewissem Sinn tatsächlich erforderten und dass Freiheit in diesem Sinne eine der Tatsachen sei, wie wir sie kennen. Doch sei das, was ›Freiheit‹ hierbei bedeute, nichts anderes als die Abwesenheit bestimmter Bedingungen, deren Anwesenheit moralische Verurteilung oder Bestrafung unangemessen machen würde. Sie denken dabei an Bedingungen wie Zwang durch andere oder angeborene Unfähigkeit, Wahnsinn oder andere weniger extreme Formen psychischer Erkrankung, oder an das Bestehen von Umständen, unter denen es moralisch unzulässig oder zu viel wäre, von irgendjemandem zu erwarten, irgendeine andere Wahl zu treffen. Sie sind gezwungen, dieser Liste weitere Faktoren hinzuzufügen, die ebenfalls, ohne genaugenommen Begrenzungen der Freiheit zu sein, moralische Verurteilung und Bestrafung unangemessen machen oder deren Stärke mindern können: wie einige Formen von Unwissen, Fehlern oder des Zufalls. Und der allgemeine Grund, aus dem moralische Verurteilung und Bestrafung unter diesen Umständen unangemessen wären, wird darin gesehen, dass die in Frage stehenden Praktiken nur in solchen Fällen generelle wirksame Mittel sind, das Verhalten auf wünschenswerte Weise zu steuern, [189] in denen diese Faktoren *nicht* vorliegen. Nun, der Pessimist gibt zu, dass zu denjenigen Tatsachen, wie wir sie kennen, auch die Existenz der Freiheit gehört, freien Handelns in jenem negativen Sinne, den der Optimist einräumt. Auch gibt er zu oder besteht vielmehr darauf, dass die Existenz von Freiheit in diesem Sinne

sense is compatible with the truth of determinism. Then what does the pessimist find missing? When he tries to answer this question, his language is apt to alternate between the very familiar and the very unfamiliar.[2] Thus he may say, familiarly enough, that the man who is the subject of justified punishment, blame or moral condemnation must really *deserve* it; and then add, perhaps, that, in the case at least where he is blamed for a positive act rather than an omission, the condition of his really deserving blame is something that goes beyond the negative freedoms that the optimist concedes. It is, say, a genuinely free identification of the will with the act. And this is the condition that is incompatible with the truth of determinism.

The conventional, but conciliatory, optimist need not give up yet. He may say: Well, people often decide to do things, really intend to do what they do, know just what they're doing in doing it; the reasons they think they have for doing what they do, often really are their reasons and not their rationalizations. These facts, too, are included in the facts as we know them. If this is what you mean by freedom – by the identification of the will with the act – then freedom may again be conceded. But again the concession is compatible with the truth of the determinist thesis. For it

2 As Nowell-Smith pointed out in a later article: 'Determinists and Libertarians', *Mind*, 1954.

mit der Wahrheit des Determinismus vereinbar ist. Was fehlt dann dem Pessimisten? Wenn er versucht, diese Frage zu beantworten, dann tendiert seine Sprache dazu, zwischen sehr Bekanntem und sehr Unbekanntem zu wechseln.[2] So könnte er sagen, und das klingt einigermaßen bekannt, dass der Mann, der Gegenstand gerechtfertigter Bestrafung, eines Vorwurfs oder moralischer Verurteilung ist, dies wirklich *verdient* haben muss, und fügt dann vielleicht hinzu, dass wenigstens in dem Fall, in dem ihm ein Vorwurf für eine aktive Tat anstatt für eine Unterlassung gemacht wird, die Bedingung dafür, dass er einen Vorwurf verdient, etwas ist, das hinter die negative Freiheit zurückgeht, die der Optimist zugesteht. Dies sei, könnte man sagen, eine genuin freie Identifikation des Willens mit der Tat. Und dies ist die Bedingung, die mit der Wahrheit des Determinismus unverträglich ist.

Der konventionelle, aber versöhnliche Optimist muss aber noch nicht aufgeben. Er könnte sagen: Nun, Menschen entscheiden sich eben oft dazu, Dinge zu tun; sie beabsichtigen wirklich, das zu tun, was sie tun; wissen genau, was sie tun, während sie es tun; und die Gründe, die sie für ihre Taten zu haben meinen, sind oft wirklich ihre Gründe und nicht ihre Rationalisierungen. Diese Tatsachen sind ebenfalls in den Tatsachen, wie wir sie kennen, enthalten. Wenn dies das ist, was Sie mit Freiheit meinen – also die Identifikation des Willens mit der Tat –, dann könnte so etwas wie Freiheit tatsächlich zugestanden werden. Doch verträgt sich dieses Zugeständnis wieder damit, dass die These des

2 Wie es Nowell-Smith in einem späteren Artikel herausgearbeitet hat: »Determinists and Libertarians«, in: *Mind* (1954).

would not follow from that thesis that nobody decides to do anything; that nobody ever does anything intentionally; that it is false that people sometimes know perfectly well what they are doing. I tried to define freedom negatively. You want to give it a more positive look. But it comes to the same thing. Nobody denies freedom in this sense, or these senses, and nobody claims that the existence of freedom in these senses shows determinism to be false.

But it is here that the lacuna in the optimistic story can be made to show. For the pessimist may be supposed to ask: But *why* does freedom in this sense justify blame, &c.? You turn towards me first the negative, and then the positive, faces of a freedom which nobody challenges. But the only reason you have given for the practices of moral condemnation and punishment in cases where this freedom is present is the efficacy of these [190] practices in regulating behaviour in socially desirable ways. But this is not a sufficient basis, it is not even the right *sort* of basis, for these practices as we understand them.

Now my optimist, being the sort of man he is, is not likely to invoke an intuition of fittingness at this point. So he really has no more to say. And my pessimist, being the sort of man he is, has only one more thing to say; and that is that the admissibility of these practices, as we understand them, demands another kind of freedom, the kind that in turn demands the falsity of the thesis of determinism. But might

Determinismus wahr ist. Denn aus dieser These folgt nicht, dass sich niemand dazu entscheidet, etwas zu tun; dass niemand jemals etwas absichtlich tut; dass Menschen nicht manchmal sehr genau wissen, was sie tun. Ich habe versucht, Freiheit negativ zu definieren. Sie wollen ihr einen positiveren Anstrich geben. Doch läuft das auf dasselbe hinaus. Niemand leugnet Freiheit in dieser Bedeutung oder diesen Bedeutungen, und niemand behauptet, dass Freiheit in dieser Bedeutung zeige, dass der Determinismus falsch ist.

Doch wird genau an dieser Stelle die Lücke in der optimistischen Erzählung sichtbar. Denn der Pessimist wird wohl fragen: Doch *warum* rechtfertigt Freiheit in diesem Sinne den Vorwurf usw.? Sie wenden mir erst das negative und dann das positive Gesicht einer Freiheit zu, die niemand anzweifelt. Doch der einzige Grund für die Praktiken der moralischen Verurteilung und der Bestrafung in Fällen, in denen diese Freiheit vorliegt, den Sie angegeben haben, ist die Wirksamkeit [190] dieser Praktiken, das Verhalten auf sozial wünschbare Weise zu steuern. Dies ist aber keine hinreichende Grundlage, es ist nicht einmal die richtige *Art* einer Grundlage für diese Praktiken, wie wir sie verstehen.

Nun ist es unwahrscheinlich, dass mein Optimist, als der Mann, der er eben ist, an dieser Stelle die Intuition der Angemessenheit anrufen wird. So bleibt ihm nichts weiter zu sagen. Und mein Pessimist, als der Mann, der er eben ist, hat nur noch eine weitere Sache beizutragen, und zwar, dass die Zulässigkeit dieser Praktiken, wie wir sie verstehen, eine andere Art von Freiheit erfordert, nämlich die, die umgekehrt die Falschheit der These des Determinismus erfordert. Doch können wir den Pessimisten nicht dazu brin-

we not induce the pessimist to give up saying this by giving the optimist something more to say?

3. I have mentioned punishing and moral condemnation and approval; and it is in connexion with these practices or attitudes that the issue between optimists and pessimists – or, if one is a pessimist, the issue between determinists and libertarians – is felt to be particularly important. But it is not of these practices and attitudes that I propose, at first, to speak. These practices or attitudes permit, where they do not imply, a certain detachment from the actions or agents which are their objects. I want to speak, at least at first, of something else: of the non-detached attitudes and reactions of people directly involved in transactions with each other; of the attitudes and reactions of offended parties and beneficiaries; of such things as gratitude, resentment, forgiveness, love, and hurt feelings. Perhaps something like the issue between optimists and pessimists arises in this neighbouring field too; and since this field is less crowded with disputants, the issue might here be easier to settle; and if it is settled here, then it might become easier to settle it in the disputant-crowded field.

What I have to say consists largely of commonplaces. So my language, like that of commonplaces generally, will be quite unscientific and imprecise. The central commonplace that I want to insist on is the very great importance that we

gen, es aufzugeben, dies zu sagen, indem wir den Optimisten etwas mehr sagen lassen?

3. Ich habe Bestrafung, moralische Verurteilung und Billigung erwähnt, und der Disput zwischen Optimisten und Pessimisten wird gerade in Verbindung mit diesen Praktiken oder Einstellungen – oder wenn man Pessimist ist, der Disput zwischen Deterministen und Libertarianern – als besonders wichtig empfunden. Doch soll von diesen Praktiken und Einstellungen zunächst nicht die Rede sein. Sie erlauben nämlich, wenn sie dies nicht sogar implizieren, eine gewisse Distanzierung von den Handlungen und Akteuren, auf die sie bezogen sind. Ich möchte jedoch zunächst wenigstens von etwas anderem sprechen: von den nicht-distanzierten Einstellungen und Reaktionen von Menschen, die direkt in Auseinandersetzungen miteinander involviert sind; von den Einstellungen und Reaktionen verletzter Parteien und Begünstigter; von solchen Dingen wie Dankbarkeit, Groll, Vergebung, Liebe und Kränkung. Vielleicht kommt es auch auf diesem benachbarten Feld zu einem ähnlichen Streit zwischen Optimisten und Pessimisten, und da dieses Feld weniger von Miteinanderstreitenden bevölkert wird, könnte er hier leichter beigelegt werden; und sollte er hier beigelegt werden, dann könnte es leichter werden, ihn auch auf dem mit Disputanten überbevölkerten Feld beizulegen.

Das, was ich zu sagen habe, besteht hauptsächlich aus Gemeinplätzen. Aus diesem Grund wird meine Sprache, wie die von Gemeinplätzen im Allgemeinen, ziemlich unwissenschaftlich und unpräzise sein. Der zentrale Gemeinplatz, auf den ich mich konzentrieren möchte, sind die sehr

attach to the attitudes and intentions towards us of other human beings, and the great extent to which our personal feelings and reactions depend upon, or involve, our beliefs about these attitudes and intentions. I can give no simple description of the field of phenomena at the centre of which stands this commonplace truth; for the field is too complex. Much imaginative literature is devoted to exploring its complexities; and we have a large vocabulary for the purpose. There are simplifying styles of handling it in a general way. Thus we may, like La Rochefoucauld, put self-love [191] or self-esteem or vanity at the centre of the picture and point out how it may be caressed by the esteem, or wounded by the indifference or contempt, of others. We might speak, in another jargon, of the need for love, and the loss of security which results from its withdrawal; or, in another, of human self-respect and its connexion with the recognition of the individual's dignity. These simplifications are of use to me only if they help to emphasize how much we actually mind, how much it matters to us, whether the actions of other people – and particularly of *some* other people – reflect attitudes towards us of goodwill, affection, or esteem on the one hand or contempt, indifference, or malevolence on the other. If someone treads on my hand accidentally, while trying to help me, the pain may be

große Wichtigkeit, die wir Einstellungen und Absichten, die andere Menschen uns gegenüber einnehmen, einräumen, sowie unsere persönlichen Gefühle und Reaktionen, die weitestgehend von unseren Überzeugungen über eben diese Einstellungen und Absichten abhängen oder sie einschließen. Ich kann keine einfache Beschreibung des Phänomenbereichs liefern, in deren Zentrum die Wahrheit dieses Gemeinplatzes steht – der Bereich ist zu komplex. Viel fiktionale Literatur widmet sich der Erforschung dieser Schwierigkeit, und wir verfügen zu diesem Zweck auch über ein großes Vokabular. Es gibt Vereinfachungen, um sie auf allgemeine Weise in den Griff zu bekommen. So könnten wir, wie La Rochefoucauld, die Selbstliebe [191] oder die Selbstwertschätzung oder die Eitelkeit in den Mittelpunkt stellen und darauf hinweisen, wie sie durch die Wertschätzung anderer umschmeichelt oder durch die Indifferenz oder Verachtung anderer verletzt werden kann. Wir könnten in einem bestimmten anderen Jargon von dem Bedürfnis nach Liebe oder dem Verlust von Sicherheit sprechen, der durch den Entzug von Liebe entsteht, oder in einem wieder anderen Jargon von menschlichem Respekt sich selbst gegenüber und dessen Verbindung mit der Anerkennung individueller Würde. Diese Vereinfachungen sind für mich nur dann nützlich, wenn sie zu betonen helfen, wie sehr wir darauf achten und wie viel es uns bedeutet, ob die Handlungen anderer Leute – und im Besonderen *einiger* anderer Leute – uns gegenüber einerseits Einstellungen des Wohlwollens, der Zuneigung oder der Wertschätzung oder aber andererseits Verachtung, Indifferenz oder Übelwollen widerspiegeln. Wenn mir jemand im Versuch mir zu helfen aus Versehen auf die Hand tritt, dann mag der Schmerz

no less acute than if he treads on it in contemptuous disregard of my existence or with a malevolent wish to injure me. But I shall generally feel in the second case a kind and degree of resentment that I shall not feel in the first. If someone's actions help me to some benefit I desire, then I am benefited in any case; but if he intended them so to benefit me because of his general goodwill towards me, I shall reasonably feel a gratitude which I should not feel at all if the benefit was an incidental consequence, unintended or even regretted by him, of some plan of action with a different aim.

These examples are of actions which confer benefits or inflict injuries over and above any conferred or inflicted by the mere manifestation of attitude and intention themselves. We should consider also in how much of our behaviour the benefit or injury resides mainly or entirely in the manifestation of attitude itself. So it is with good manners, and much of what we call kindness, on the one hand; with deliberate rudeness, studied indifference, or insult on the other.

Besides resentment and gratitude, I mentioned just now forgiveness. This is a rather unfashionable subject in moral philosophy at present; but to be forgiven is something we sometimes ask, and forgiving is something we sometimes say we do. To ask to be forgiven is in part to acknowledge

nicht weniger stark sein als in dem Fall, in dem er dies in verachtender Gleichgültigkeit meiner Existenz oder mit dem übelwollenden Wunsch tut, mir zu schaden. Doch würde ich im zweiten Fall normalerweise eine Art von Groll und dies zu einem Grad empfinden, wie ich es nicht im ersten Fall tun würde. Wenn mir die Handlungen von jemandem zu einem Vorteil verhelfen, den ich mir wünsche, dann werde ich in jedem Fall profitieren; doch wenn er sie zu tun beabsichtigte, um mir aufgrund seines allgemeinen Wohlwollens mir gegenüber einen Vorteil zu verschaffen, dann werde ich vernünftigerweise Dankbarkeit empfinden, die ich überhaupt nicht empfinden würde, wäre der Vorteil zufällige Folge eines unbeabsichtigten oder später sogar bereuten Plans zu handeln.

Diese Beispiele sind Beispiele von Handlungen, die aufgrund der Einstellung und der Absicht selbst Vorteile erbringen oder Verletzungen zufügen, und zwar zusätzlich zu einem bereits erbrachten Vorteil oder einer zugefügten Verletzung. Wir sollten auch in Betracht ziehen, zu welchem Grad in unserem Verhalten ein Vorteil oder eine Verletzung hauptsächlich oder gänzlich in der Art und Weise liegt, in der sich die Einstellung zeigt. So verhält es sich etwa mit guten Manieren und mit vielem von dem, was wir Freundlichkeit nennen einerseits, mit bedachter Unhöflichkeit, absichtlicher Indifferenz oder Beleidigung andererseits.

Neben Groll und Dankbarkeit habe ich bis jetzt nur die Verzeihung erwähnt. Dies ist zurzeit ein eher unmodernes Thema in der Moralphilosophie. Doch bitten wir manchmal darum, dass uns verziehen wird, und manchmal, so würden wir sagen, vergeben wir. Darum zu bitten, dass ei-

that the attitude displayed in our actions was such as might properly be resented and in part to repudiate that attitude for the future (or at least for the immediate future); and to forgive is to accept the repudiation and to forswear the resentment.

We should think of the many different kinds of relationship which we can have with other people – as sharers of a common interest; as members of the same family; as colleagues; as friends; as lovers; as chance parties to an enormous range of [192] transactions and encounters. Then we should think, in each of these connexions in turn, and in others, of the kind of importance we attach to the attitudes and intentions towards us of those who stand in these relationships to us, and of the kinds of *reactive* attitudes and feelings to which we ourselves are prone. In general, we demand some degree of goodwill or regard on the part of those who stand in these relationships to us, though the forms we require it to take vary widely in different connexions. The range and intensity of our *reactive* attitudes towards goodwill, its absence or its opposite vary no less widely. I have mentioned, specifically, resentment and gratitude; and they are a usefully opposed pair. But, of course, there is a whole continuum of reactive attitude and

nem verziehen wird, bedeutet zum Teil, anzuerkennen, dass man die Einstellung, die sich in unserem Handeln gezeigt hat, angemessener Weise übelnehmen kann, und zum Teil, dass man diese Einstellung in Zukunft (oder wenigstens in der unmittelbaren Zukunft) nicht mehr einnimmt bzw. nicht mehr in seinem Handeln zeigt. Zu vergeben wiederum bedeutet, zu akzeptieren, dass man ebenso die reaktive Einstellung in Zukunft nicht mehr einnehmen wird und dem Groll abschwört.

Wir sollten an die vielen verschiedenen Arten von Beziehungen denken, in denen wir zu anderen Menschen stehen können – wir können mit ihnen gemeinsame Interessen teilen, Mitglieder derselben Familie, Kollegen, Freunde, oder Liebhaber sein oder auch in [192] zufälligen Beziehungen und Begegnungen mit ihnen in ihrer ganzen Bandbreite stehen. Dann sollten wir umgekehrt für jede dieser und noch weitere Beziehungen darüber nachdenken, wie relevant diese Einstellungen und Absichten für uns sind, die diejenigen, die zu uns in diesen Beziehungen stehen, uns gegenüber einnehmen, sowie über die *reaktiven* Einstellungen und Gefühle, zu denen wir selbst geneigt sind. Im Allgemeinen fordern wir einen gewissen Grad an gutem Willen oder Rücksicht auf Seiten derjenigen, die zu uns in diesen Beziehungen stehen, wobei sich die Formen, die sie annehmen sollen, in den verschiedenen Beziehungen stark voneinander unterscheiden. Der Umfang und die Intensität unserer *reaktiven* Einstellungen gegenüber gutem Willen, seiner Abwesenheit oder seinem Gegenteil unterscheiden sich nicht weniger stark voneinander. Ich habe insbesondere Groll und Dankbarkeit erwähnt, und diese beiden sind auch ein auf nützliche Weise entgegengesetztes

feeling stretching on both sides of these and – the most comfortable area – in between them.

The object of these commonplaces is to try to keep before our minds something it is easy to forget when we are engaged in philosophy, especially in our cool, contemporary style, viz. what it is actually like to be involved in ordinary inter-personal relationships, ranging from the most intimate to the most casual.

4. It is one thing to ask about the general causes of these reactive attitudes I have alluded to; it is another to ask about the variations to which they are subject, the particular conditions in which they do or do not seem natural or reasonable or appropriate; and it is a third thing to ask what it would be like, what it *is* like, not to suffer them. I am not much concerned with the first question; but I am with the second; and perhaps even more with the third.

Let us consider, then, occasions for resentment: situations in which one person is offended or injured by the action of another and in which – in the absence of special considerations – the offended person might naturally or normally be expected to feel resentment. Then let us consider what sorts of special considerations might be expected to modify or mollify this feeling or remove it altogether. It

Paar. Doch existiert natürlich ein ganzes Kontinuum von reaktiven Einstellungen und Gefühlen, die sich in beide Richtungen und – im bequemsten Bereich – zwischen diesen erstreckt.

Ziel dieser Gemeinplätze ist es, etwas zu vergegenwärtigen, was man leicht vergisst, wenn man mit Philosophie beschäftigt ist, besonders in unserem kühlen, gegenwärtigen Stil, wie es nämlich wirklich ist, in alltägliche zwischenmenschliche Beziehungen einbezogen zu sein, von den intimsten bis hin zu den beiläufigsten Beziehungen.

4. Es ist eine Sache, nach den generellen Ursachen für diese reaktiven Einstellungen zu fragen, die von mir berührt wurden. Es ist eine andere Sache, nach den Variationen zu fragen und nach den besonderen Bedingungen, unter denen sie natürlich oder vernünftig oder angemessen oder nicht natürlich oder vernünftig oder angemessen zu sein scheinen. Und es ist eine dritte Sache, danach zu fragen, wie es wäre bzw. wie es *ist*, sie nicht zu erleiden. Ich beschäftige mich nicht weiter mit der ersten Frage; allerdings mit der zweiten; und vielleicht sogar noch mehr mit der dritten.

Lassen Sie uns also Veranlassungen dafür untersuchen, Groll zu hegen: Situationen, in denen eine Person durch die Handlung einer anderen Person beleidigt oder verletzt wird und in der – in Abwesenheit spezieller Überlegungen – von der beleidigten Person natürlicher- oder normalerweise erwartet werden kann, Groll zu hegen. Dann lassen Sie uns überlegen, von welchen Arten spezieller Betrachtungen man erwarten könnte, dass sie dieses Gefühl verändern, abschwächen oder es vollständig beseitigen. Es

needs no saying now how multifarious these considerations are. But, for my purpose, I think they can be roughly divided into two kinds. To the first group belong all those which might give occasion for the employment of such expressions as 'He didn't mean to', 'He hadn't realized', 'He didn't know'; and also all those which might give occasion for the use of the phrase 'He couldn't help it', when this is supported by such phrases as 'He was pushed', 'He had to do it', 'It was the only way', 'They left him no alternative', &c. Obviously these [193] various pleas, and the kinds of situations in which they would be appropriate, differ from each other in striking and important ways. But for my present purpose they have something still more important in common. None of them invites us to suspend towards the agent, either at the time of his action or in general, our ordinary reactive attitudes. They do not invite us to view the *agent* as one in respect of whom these attitudes are in any way inappropriate. They invite us to view the *injury* as one in respect of which a particular one of these attitudes is inappropriate. They do not invite us to see the *agent* as other than a fully responsible agent. They invite us to see the *injury* as one for which he was not fully, or at all, responsible. They do not suggest that the agent is in any way an inappropriate object of that kind of demand for goodwill or regard

muss an dieser Stelle nicht eigens erwähnt werden, wie vielfältig diese Überlegungen sind. Für meinen Zweck können sie, so meine ich, grob in zwei Arten unterteilt werden. Zur ersten Gruppe gehören all jene, welche Gelegenheit geben können, Aussagen zu verwenden wie ›Er meinte es nicht so, dass …‹, ›Er hatte nicht erkannt, dass …‹, ›Er wusste nicht, dass …‹; und ebenso all jene, die Gelegenheit geben können zum Gebrauch der Phrase ›Er konnte nichts dafür, dass …‹, wenn dies durch solche Phrasen unterstützt wird wie ›Er wurde geschubst‹, ›Er musste es tun‹, ›Es war die einzige Möglichkeit‹, ›Sie ließen ihm keine Alternative‹ usw. Offensichtlich unterscheiden sich diese [193] verschiedenen Verteidigungen und die Situationen, in denen sie angemessen wären, auf auffallende und wichtige Weise voneinander. Doch haben sie für meinen gegenwärtigen Zweck etwas noch Wichtigeres miteinander gemeinsam. Keine lädt uns dazu ein, weder zum Zeitpunkt seiner Handlung noch im Allgemeinen, unsere alltäglichen reaktiven Einstellungen dem Akteur gegenüber auszusetzen. Sie laden uns nicht dazu ein, den *Akteur* als jemanden anzusehen, dem gegenüber diese Einstellungen auf irgendeine Weise unangemessen wären. Sie laden uns dazu ein, die *Verletzung* als eine anzusehen, in Bezug auf welche eine dieser Einstellungen unangemessen wäre. Sie laden uns nicht dazu ein, den *Akteur* als etwas anderes denn als einen vollverantwortlichen Akteur zu betrachten. Sie laden uns hingegen dazu ein, die *Verletzung* als eine anzusehen, für die er nicht vollständig oder überhaupt nicht verantwortlich war. Sie legen nicht nahe, dass der Akteur auf irgendeine Weise ein unangemessenes Objekt dieser Art von Forderung nach gutem Willen oder Rücksicht ist, die sich in

which is reflected in our ordinary reactive attitudes. They suggest instead that the fact of injury was not in this case incompatible with that demand's being fulfilled, that the fact of injury was quite consistent with the agent's attitude and intentions being just what we demand they should be.[3] The agent was just ignorant of the injury he was causing, or had lost his balance through being pushed or had reluctantly to cause the injury for reasons which acceptably override his reluctance. The offering of such pleas by the agent and their acceptance by the sufferer is something in no way opposed to, or outside the context of, ordinary inter-personal relationships and the manifestation of ordinary reactive attitudes. Since things go wrong and situations are complicated, it is an essential and integral element in the transactions which are the life of these relationships.

The second group of considerations is very different. I shall take them in two subgroups of which the first is far less important than the second. In connexion with the first subgroup we may think of such statements as 'He wasn't himself', 'He has been under very great strain recently', 'He was acting under posthypnotic suggestion'; in connexion

3 Perhaps not in every case *just* what we demand they should be, but in any case *not* just what we demand they should not be. For my present purpose these differences do not matter.

unseren alltäglichen reaktiven Einstellungen widerspiegelt. Sie legen im Gegenteil nahe, dass die Tatsache einer Verletzung in diesem Fall nicht unvereinbar damit war, dass diese Forderung erfüllt war, dass die Tatsache der Verletzung ziemlich konsistent mit der Einstellung und den Absichten des Akteurs war, die genau so waren, wie wir es von ihnen fordern.[3] Der Akteur wusste nur nicht um die Verletzung, die er verursachte, oder er hatte das Gleichgewicht verloren, da er geschubst wurde, oder er musste widerwillig die Verletzung aus Gründen verursachen, die seinen Widerwillen, dies zu tun, in akzeptabler Weise übertrumpften. Dass solche Entschuldigungen durch den Akteur angeboten und vom Erleidenden akzeptiert werden, ist nichts, was den alltäglichen zwischenmenschlichen Beziehungen und der Manifestation alltäglicher reaktiver Einstellungen auf irgendeine Weise oder außerhalb des Kontextes entgegensteht. Da Dinge schiefgehen und Situationen kompliziert sind, bildet dies einen wesentlichen und integralen Bestandteil der Begegnungen, die diesen Beziehungen Leben geben.

Die zweite Gruppe von Betrachtungen ist davon sehr verschieden. Ich werde sie in zwei Untergruppen aufteilen, von denen die erste deutlich weniger wichtig ist als die zweite. In Verbindung mit der ersten Untergruppe können wir an solche Äußerungen denken wie ›Er war nicht er selbst‹, ›Er ist in letzter Zeit sehr mitgenommen‹, ›Er handelte unter posthypnotischer Suggestion‹. In Verbindung

3 Vielleicht nicht in jedem Fall *genau* das, was wir von ihnen fordern, aber in jedem Fall *nicht* genau so, wie sie nicht sein sollen. Für meinen gegenwärtigen Zweck zählen diese Unterschiede nicht.

with the second, we may think of 'He's only a child', 'He's a hopeless schizophrenic', 'His mind has been systematically perverted', 'That's purely compulsive behaviour on his part'. Such pleas as these do, as pleas of my first general group do not, invite us to suspend our ordinary reactive attitudes towards the agent, either at the time of his action or all the time. They do not invite us to see the agent's [194] action in a way consistent with the full retention of ordinary inter-personal attitudes and merely inconsistent with one particular attitude. They invite us to view the agent himself in a different light from the light in which we should normally view one who has acted as he has acted. I shall not linger over the first subgroup of cases. Though they perhaps raise, in the short term, questions akin to those raised, in the long term, by the second subgroup, we may dismiss them without considering those questions by taking that admirably suggestive phrase, 'He wasn't himself', with the seriousness that – for all its being logically comic – it deserves. We shall not feel resentment against the man he is for the action done by the man he is not; or at least we shall feel less. We normally have to deal with him under normal stresses; so we shall not feel towards him, when he acts as he does under abnormal stresses, as we

mit der zweiten könnten wir denken an ›Er ist noch ein Kind‹, ›Er ist hoffnungslos schizophren‹, ›Seine Psyche wurde systematisch verdreht‹, ›Das ist rein zwanghaftes Verhalten seinerseits‹. Solche Verteidigungen wie diese laden uns im Gegensatz zu den Verteidigungen der ersten allgemeinen Gruppe dazu ein, unsere alltäglichen reaktiven Einstellungen gegenüber dem Akteur entweder zum Zeitpunkt seiner Handlung oder immer auszusetzen. Sie laden uns nicht dazu ein, die Handlung des Akteurs [194] auf eine Weise zu sehen, die konsistent mit der vollen Beibehaltung der alltäglichen zwischenmenschlichen Einstellungen und nur inkonsistent mit einer bestimmten Einstellung ist. Sie laden uns dazu ein, den Akteur selbst in einem anderen Licht als in dem Licht zu betrachten, in dem wir normalerweise jemanden betrachten sollten, der so handelte, wie er gehandelt hat. Bei der ersten Untergruppe von Fällen werde ich mich nicht weiter aufhalten. Obwohl sie vielleicht auf kurze Sicht gesehen Fragen aufwirft, die denen ähnlich sind, die auf lange Sicht von der zweiten Untergruppe aufgeworfen werden, können wir diese Untergruppe ausblenden, ohne diese Fragen zu bedenken, indem wir diese bewundernswert suggestive Phrase ›Er war nicht er selbst‹ mit all der Ernsthaftigkeit verstehen, die sie – bei all ihrer logischen Komik – verdient. Wir werden keinen Groll gegenüber dem Mann hegen, der er ist, für die Handlung, die er als der Mann vollzogen hat, der er nicht ist; zumindest werden wir weniger Groll hegen. Für gewöhnlich haben wir mit ihm zu tun, wenn er unter normalem Stress steht. Also werden wir ihm gegenüber, wenn er unter nicht normalem Stress handelt, nicht so empfinden, wie wir ihm gegenüber hätten empfinden

should have felt towards him had he acted as he did under normal stresses.

The second and more important subgroup of cases allows that the circumstances were normal, but presents the agent as psychologically abnormal – or as morally undeveloped. The agent was himself; but he is warped or deranged, neurotic or just a child. When we see someone in such a light as this, all our reactive attitudes tend to be profoundly modified. I must deal here in crude dichotomies and ignore the ever-interesting and ever-illuminating varieties of case. What I want to contrast is the attitude (or range of attitudes) of involvement or participation in a human relationship, on the one hand, and what might be called the objective attitude (or range of attitudes) to another human being, on the other. Even in the same situation, I must add, they are not altogether *exclusive* of each other; but they are, profoundly, *opposed* to each other. To adopt the objective attitude to another human being is to see him, perhaps, as an object of social policy; as a subject for what, in a wide range of sense, might be called treatment; as something certainly to be taken account, perhaps precautionary account, of; to be managed or handled or cured or trained; perhaps simply to be avoided, though *this* gerundive is not peculiar to cases of objectivity of attitude. The objective attitude may be emotionally toned in many ways, but not in all ways: it may include repulsion or fear, it may include

müssen, hätte er unter normalem Stress so gehandelt, wie er gehandelt hat.

Die zweite und wichtigere Untergruppe von Fällen lässt zu, dass die Umstände normal waren, zeigt den Akteur jedoch als psychisch nicht-normal – oder als moralisch unterentwickelt. Der Akteur war er selbst, er ist nur verdreht, verrückt, neurotisch oder nur ein Kind. Wenn wir jemanden in ein solches Licht getaucht sehen, dann neigen alle unsere reaktiven Einstellungen dazu, sich grundlegend zu verändern. An dieser Stelle muss ich mit groben Zweiteilungen arbeiten und die enorm interessante und erhellende Vielfalt von Fällen ignorieren. Was ich hier in Kontrast setzen möchte ist die Einstellung (oder der Bereich von Einstellungen) des Involviertseins und der Teilnahme an einer menschlichen Beziehung, mit dem, was wir die objektive Einstellung (oder den Bereich von Einstellungen) einem anderen Menschen gegenüber nennen könnten. Ich muss hinzufügen, dass sie nicht einmal in derselben Situation einander insgesamt *ausschließen*, doch sind sie einander grundlegend *entgegengesetzt*. Die objektive Einstellung einem anderen Menschen gegenüber einzunehmen bedeutet, ihn vielleicht als Objekt von Sozialpolitik zu betrachten; als Subjekt für das, was in einem weiten Sinne Behandlung genannt werden könnte; als etwas, das sicherlich in Betracht, vielleicht vorsorglich in Betracht gezogen werden; das gemanagt oder behandelt oder geheilt oder trainiert; vielleicht auch einfach gemieden werden müsste, obwohl *dieses* Gerundiv für Fälle von Objektivität der Einstellung nicht spezifisch ist. Die objektive Einstellung mag auf verschiedenste Weise emotional getönt sein, jedoch nicht auf jede Weise: sie könnte Abneigung oder Angst

pity or even love, though not all kinds of love. But it cannot include the range of reactive feelings and attitudes which belong to involvement or participation with others in inter-personal human relationships; it cannot include resentment, gratitude, forgiveness, anger, or the sort of [195] love which two adults can sometimes be said to feel reciprocally, for each other. If your attitude towards someone is wholly objective, then though you may fight him, you cannot quarrel with him, and though you may talk to him, even negotiate with him, you cannot reason with him. You can at most pretend to quarrel, or to reason, with him.

Seeing someone, then, as warped or deranged or compulsive in behaviour or peculiarly unfortunate in his formative circumstances – seeing someone so tends, at least to some extent, to set him apart from normal participant reactive attitudes on the part of one who so sees him, tends to promote, at least in the civilized, objective attitudes. But there is something curious to add to this. The objective attitude is not only something we naturally tend to fall into in cases like these, where participant attitudes are partially or wholly inhibited by abnormalities or by immaturity. It is also something which is available as a resource in other cases too. We look with an objective eye on the compulsive behaviour of the neurotic or the tiresome behavior of a very young child, thinking in terms of treatment or training. But

umfassen, Mitleid oder sogar Liebe, jedoch nicht alle Arten von Liebe. Aber sie kann nicht jenen Bereich reaktiver Gefühle und Einstellungen umfassen, die zum Involviertsein und zur Teilnahme mit anderen in interpersonalen menschlichen Beziehungen gehören. Sie kann nicht Groll, Dankbarkeit, Vergebung, Wut oder die Art von [195] Liebe umfassen, die manchmal zwei Erwachsene wechselseitig füreinander empfinden. Wenn die Einstellung gegenüber jemand anderem vollständig objektiv ist, dann kann man nicht mit ihm streiten, auch wenn man mit ihm kämpfen kann, und auch wenn man mit ihm sprechen, vielleicht sogar verhandeln kann, so kann man nicht mit ihm argumentieren. Man kann höchstens so tun, als ob man mit ihm streitet oder argumentiert.

Sieht man also jemanden als verdreht oder verwirrt oder zwanghaft im Verhalten oder aufgrund der Umstände, die ihn geformt haben, als besonders bedauernswert an –, dann hat das die Tendenz, ihn, zumindest zu einem gewissen Grad, außerhalb der normalen partizipativen reaktiven Einstellungen seitens desjenigen zu stellen, der ihn so ansieht, und es fördert tendenziell, zumindest unter Zivilisierten, objektive Einstellungen. Doch gibt es da etwas Eigentümliches zu ergänzen. Die objektive Einstellung ist nicht nur etwas, in das wir natürlicherweise in Fällen wie diesen verfallen, in denen partizipative Einstellungen teilweise oder gänzlich durch Nicht-Normalitäten oder Unreife gehemmt werden. Sie ist etwas, das ebenfalls in anderen Fällen als Ressource zur Verfügung steht. Wir schauen mit einem objektiven Blick auf das zwanghafte Verhalten des Neurotikers oder auf das ermüdende Verhalten eines sehr kleinen Kindes, wenn wir über dessen Behandlung oder Erziehung

we *can* sometimes look with something like the same eye on the behaviour of the normal and the mature. We *have* this resource and can sometimes use it: as a refuge, say, from the strains of involvement; or as an aid to policy; or simply out of intellectual curiosity. Being human, we cannot, in the normal case, do this for long, or altogether. If the strains of involvement, say, continue to be too great, then we have to do something else – like severing a relationship. But what is above all interesting is the tension there is, in us, between the participant attitude and the objective attitude. One is tempted to say: between our humanity and our intelligence. But to say this would be to distort both notions.

What I have called the participant reactive attitudes are essentially natural human reactions to the good or ill will or indifference of others towards us, as displayed in *their* attitudes and actions. The question we have to ask is: What effect would, or should, the acceptance of the truth of a general thesis of determinism have upon these reactive attitudes? More specifically, would, or should, the acceptance of the truth of the thesis lead to the decay or the repudiation of all such attitudes? Would, or should, it mean the end of gratitude, resentment, and forgiveness; of all reciprocated adult loves; of all the essentially *personal* antagonisms?

But how can I answer, or even pose, this question without [196] knowing *exactly* what the thesis of determinism

nachdenken. Doch *können* wir manchmal auf dieselbe Weise das Verhalten einer normalen und erwachsenen Person betrachten. Wir *haben* diese Ressource und können sie nutzen: etwa als Zuflucht vor den Belastungen des Involviertseins oder als eine Hilfe für Regelungen oder einfach aus intellektueller Neugier heraus. Als Menschen können wir dies im Normalfall nicht auf lange Zeit oder immer tun. Wenn etwa die Belastungen des Involviertseins weiterhin zu groß bleiben, dann müssen wir etwas anderes tun – wie etwa eine Beziehung zu beenden. Vor allem ist jedoch die Spannung interessant, die da in uns zwischen der partizipativen und der objektiven Einstellung besteht. Man ist versucht zu sagen: zwischen unserer Menschlichkeit und unserer Intelligenz. Doch würde dies zu sagen beide Begriffe verzerren.

Das, was ich die partizipativen reaktiven Einstellungen genannt habe, sind wesentlich natürliche menschliche Reaktionen auf den guten oder bösen Willen oder die Indifferenz anderer uns gegenüber, wie sie in *ihren* Einstellungen und Handlungen widergespiegelt werden. Wir müssen uns die Frage stellen: Welche Wirkung würde oder sollte die Akzeptanz der Wahrheit einer generellen These des Determinismus auf diese reaktiven Einstellungen haben? Oder genauer: Würde oder sollte die Akzeptanz der Wahrheit der These zum Verfall oder der Zurückweisung all dieser Einstellungen führen? Würde oder sollte es das Ende von Dankbarkeit, Groll und Vergebung bedeuten, aller gegenseitigen erwachsenen Liebe; aller wesentlich *persönlichen* Gegensätze?

Doch wie kann ich diese Frage beantworten oder sie überhaupt nur stellen, ohne [196] *genau* zu wissen, was die

is? Well, there is one thing we do know: that if there is a coherent thesis of determinism, then there must be a sense of 'determined' such that, if that thesis is true, then all behaviour whatever is determined in that sense. Remembering this, we can consider at least what possibilities lie formally open; and then perhaps we shall see that the question can be answered *without* knowing exactly what the thesis of determinism is. We can consider what possibilities lie open because we have already before us an account of the ways in which particular reactive attitudes, or reactive attitudes in general, may be, and, sometimes, we judge, should be, inhibited. Thus I considered earlier a group of considerations which tend to inhibit, and, we judge, should inhibit, resentment, in particular cases of an agent causing an injury, without inhibiting reactive attitudes in general towards that agent. Obviously this group of considerations cannot strictly bear upon our question; for that question concerns reactive attitudes in general. But resentment has a particular interest; so it is worth adding that it has never been claimed as a consequence of the truth of determinism that one or another of *these* considerations was operative in every case of an injury being caused by an agent; that it would follow from the truth of determinism that anyone who caused an injury *either* was quite simply ignorant of causing

These des Determinismus besagt? Nun, eines wissen wir ganz gewiss: Wenn es eine kohärente These des Determinismus geben sollte, dann muss es eine Bedeutung von ›determiniert‹ geben, so dass dann, wenn diese These wahr ist, jedes beliebige Verhalten in diesem Sinne determiniert ist. Dies im Hinterkopf, können wir zumindest überlegen, welche Möglichkeiten formal zur Verfügung stehen, und werden dann vielleicht sehen, dass die Frage beantwortet werden kann, *ohne* genau zu wissen, was die These des Determinismus besagt. Wir können überlegen, welche Möglichkeiten zur Verfügung stehen, weil wir vor uns bereits einen Ansatz von den Arten und Weisen haben, auf die besondere reaktive Einstellungen oder reaktive Einstellungen im Allgemeinen blockiert werden können und manchmal, so meinen wir, blockiert werden sollten. So habe ich an anderer Stelle eine Gruppe von Erwägungen untersucht, die dazu tendieren, in besonderen Fällen, in denen ein Akteur eine Verletzung verursacht, Groll zu blockieren und unserem Urteil nach Groll auch blockieren sollten, ohne dass man allgemein gegenüber dem Akteur reaktive Einstellungen aussetzt. Offensichtlich kann diese Gruppe von Überlegungen sich nicht im strikten Sinne auf unsere Frage auswirken. Denn diese Frage betrifft reaktive Einstellungen im Allgemeinen, der Groll aber betrifft ein besonderes Interesse. Daher lohnt es sich, hinzuzufügen, dass noch nie als Folge der Wahrheit des Determinismus behauptet wurde, dass die ein oder andere *dieser* Betrachtungen in jedem Fall wirksam war, in dem eine Verletzung durch einen Akteur verursacht wurde, dass aus der Wahrheit des Determinismus folgen würde, dass jemand, der eine Verletzung verursachte, *entweder* völlig unwissend darüber war, sie ver-

it *or* had acceptably overriding reasons for acquiescing reluctantly in causing it *or*…, &c. The prevalence of this happy state of affairs would not be a consequence of the reign of universal determinism, but of the reign of universal goodwill. We cannot, then, find here the possibility of an affirmative answer to our question, even for the particular case of resentment.

Next, I remarked that the participant attitude, and the personal reactive attitudes in general, tend to give place, and it is judged by the civilized should give place, to objective attitudes, just in so far as the agent is seen as excluded from ordinary adult human relationships by deep-rooted psychological abnormality – or simply by being a child. But it cannot be a consequence of any thesis which is not itself self-contradictory that abnormality is the universal condition.

Now this dismissal might seem altogether too facile; and so, in a sense, it is. But whatever is too quickly dismissed in this dismissal is allowed for in the only possible form of affirmative answer that remains. We can sometimes, and in part, I have remarked, look on the normal (those we rate as 'normal') in [197] the objective way in which we have learned to look on certain classified cases of abnormality. And our question reduces to this: could, or should, the acceptance of

ursacht zu haben, *oder* übergeordnete Gründe hatte, die Verursachung widerwillig hinzunehmen *oder* …, usw. Eine Vorherrschaft dieses glücklichen Zustandes wäre keine Folge davon, dass ein universeller Determinismus, sondern dass ein universell guter Wille regiert. Wir finden hier also keine mögliche bejahende Antwort auf unsere Frage, auch nicht für den besonderen Fall des Grolls.

Als Nächstes hatte ich darauf hingewiesen, dass die teilnehmenden bzw. partizipativen und die persönlich reaktiven Einstellungen im Allgemeinen nur insofern dazu neigen, für objektive Einstellungen Raum zu geben und, nach dem Urteil Zivilisierter, Raum geben sollten, als der Akteur aufgrund tiefsitzender psychischer Nicht-Normalität als jemand angesehen wird, der aus den alltäglichen erwachsenen menschlichen Beziehungen ausgeschlossen ist – oder einfach, weil er ein Kind ist. Doch kann es nicht Folge irgendeiner These sein, die nicht selbstwidersprüchlich wäre, dass Nicht-Normalität den Allgemeinzustand ausmacht.

Nun könnte es so scheinen, als ob wir es uns mit dieser Zurückweisung zu leicht gemacht hätten, und auf gewisse Weise ist dies auch der Fall. Doch was auch immer zu schnell in dieser Zurückweisung zurückgewiesen wird, wird in der einzig übrigbleibenden möglichen Form einer positiven Antwort berücksichtigt. Wir können manchmal und teils tun wir dies, wie ich angemerkt habe, auch normale Menschen (die, die wir als ›normal‹ einstufen) auf die [197] objektive Weise betrachten, in der wir gelernt haben, bestimmte klassifizierte Fälle von Nicht-Normalität zu betrachten. Und unsere Frage reduziert sich auf diese: Könnte oder sollte die Akzeptanz der deterministischen These im-

the determinist thesis lead us always to look on everyone exclusively in this way? For this is the only condition worth considering under which the acceptance of determinism could lead to the decay or repudiation of participant reactive attitudes.

It does not seem to be self-contradictory to suppose that this might happen. So I suppose we must say that it is not absolutely inconceivable that it should happen. But I am strongly inclined to think that it is, for us as we are, practically inconceivable. The human commitment to participation in ordinary inter-personal relationships is, I think, too thoroughgoing and deeply rooted for us to take seriously the thought that a general theoretical conviction might so change our world that, in it, there were no longer any such things as inter-personal relationships as we normally understand them; and being involved in inter-personal relationships as we normally understand them precisely is being exposed to the range of reactive attitudes and feelings that is in question.

This, then, is a part of the reply to our question. A sustained objectivity of inter-personal attitude, and the human isolation which that would entail, does not seem to be something of which human beings would be capable, even if some general truth were a theoretical ground for it. But this is not all. There is a further point, implicit in the foregoing, which must be made explicit. Exceptionally, I have

mer dazu führen, jeden ausschließlich auf diese Weise zu betrachten? Denn dies wäre die einzige bedenkenswerte Bedingung, unter der die Akzeptanz des Determinismus dazu führen könnte, dass die partizipativen reaktiven Einstellungen verfallen oder zurückgewiesen werden.

Es scheint kein Widerspruch in sich zu sein, dass dies in der Tat passieren könnte. Wir müssen also vermutlich einräumen, dass es nicht absolut undenkbar sei, dass solches passieren sollte. Doch neige ich stark zu der Annahme, dass dies für uns, so wie wir angelegt sind, praktisch undenkbar ist. Menschen sind darauf festgelegt, in alltägliche zwischenmenschliche Beziehungen eingebunden zu sein. Das ist für uns meiner Meinung nach zu unausweichlich in uns angelegt und sitzt zu tief, um ernsthaft auf den Gedanken zu kommen, dass eine generelle theoretische Überzeugung unsere Welt so verändern könnte, dass es in ihr so etwas wie zwischenmenschliche Beziehungen, so wie wir sie normalerweise verstehen, nicht mehr geben würde. In zwischenmenschliche Beziehungen, wie wir sie normalerweise verstehen, eingebunden zu sein, bedeutet aber genau, dem Bereich reaktiver Einstellungen und Gefühle ausgesetzt zu sein, der hier zur Debatte steht.

Dies wäre dann ein Teil der Antwort auf unsere Frage. Zu einer ununterbrochenen Objektivität zwischenmenschlicher Einstellungen und zu einer menschlichen Isolation, die das umfassen würde, scheint der Mensch nicht fähig zu sein, und zwar selbst dann nicht, wenn eine generelle Wahrheit die theoretische Grundlage dafür liefern würde. Doch ist das noch nicht alles. Es gibt einen weiteren Punkt, der im Vorangegangenen impliziert ist und der explizit gemacht werden muss. In Ausnahmefällen, so sagte ich, kön-

said, we can have direct dealings with human beings without any degree of personal involvement, treating them simply as creatures to be handled in our own interest, or our side's, or society's – or even theirs. In the extreme case of the mentally deranged, it is easy to see the connexion between the possibility of a wholly objective attitude and the impossibility of what we understand by ordinary interpersonal relationships. Given this latter impossibility, no other civilized attitude is available than that of viewing the deranged person simply as something to be understood and controlled in the most desirable fashion. To view him as outside the reach of personal relationships is already, for the civilized, to view him in this way. For reasons of policy or self-protection we may have occasion, perhaps temporary, to adopt a fundamentally similar attitude to a 'normal' human being; to concentrate, that is, on understanding 'how he works', with a view to determining our policy accordingly, or to finding in that very under-[198]standing a relief from the strains of involvement. Now it is certainly true that in the case of the abnormal, though not in the case of the normal, our adoption of the objective attitude is a consequence of our viewing the agent as *incapacitated* in some or all respects for ordinary inter personal relationships. He is thus incapacitated, perhaps, by the fact that his picture of reality is pure fantasy, that he does not, in a sense, live in the real world at all; or by the fact that his behaviour is, in

nen wir direkt mit Menschen ohne einen Grad persönlichen Eingebundenseins umgehen, indem wir sie als Wesen behandeln, die unserem eigenen Interesse oder dem unserer Seite oder der Gesellschaft oder sogar ihnen selbst dienen. Im Extremfall psychisch Gestörter ist es leicht, die Verbindung zwischen der Möglichkeit einer gänzlich objektiven Einstellung und der Unmöglichkeit dessen, was wir unter den alltäglichen zwischenmenschlichen Beziehungen verstehen, zu sehen. Ist diese Unmöglichkeit gegeben, dann steht keine andere zivilisierte Einstellung zur Verfügung als die, eine psychisch gestörte Person einfach als etwas zu verstehen, das auf sehr wünschenswerte Weise verstanden und kontrolliert werden muss. Sie als außerhalb des Bereichs persönlicher Beziehungen stehend zu sehen bedeutet für den Zivilisierten bereits, sie auf diese Weise zu betrachten. Aus Gründen der Gestaltung von Politik oder des Selbstschutzes mögen wir Veranlassung dazu haben, vielleicht vorübergehend, eine grundlegend ähnliche Einstellung einem ›normalen‹ Menschen gegenüber einzunehmen; uns darauf zu konzentrieren, zu verstehen, ›wie er funktioniert‹, in der weiteren Absicht, unsere Politik entsprechend anzulegen oder genau in diesem [198] Verstehen von den Lasten des Eingebundenseins befreit zu werden. Nun ist es sicherlich wahr, dass im Fall des Nicht-Normalen, aber nicht im Fall des Normalen, unsere Einnahme der objektiven Einstellung eine Folge davon ist, dass wir meinen, der Akteur sei *nicht in der Lage*, in einer oder in allen Hinsichten alltägliche zwischenmenschliche Beziehungen einzugehen. Er ist dann vielleicht deshalb dazu nicht in der Lage, weil sein Bild der Wirklichkeit reine Fantasie ist, weil er in gewissem Sinne überhaupt nicht in der realen

part, an unrealistic acting out of unconscious purposes; or by the fact that he is an idiot, or a moral idiot. But there is something else which, *because* this is true, is equally certainly *not* true. And that is that there is a sense of 'determined' such that (1) if determinism is true, all behaviour is determined in this sense, and (2) determinism might be true, i.e. it is not inconsistent with the facts as we know them to suppose that all behaviour might be determined in this sense, and (3) our adoption of the objective attitude towards the abnormal is the result of a prior embracing of the belief that the behaviour, or the relevant stretch of behaviour, of the human being in question *is* determined in this sense. Neither in the case of the normal, then, nor in the case of the abnormal is it true that, when we adopt an objective attitude, we do so *because* we hold such a belief. So my answer has two parts. The first is that we cannot, as we are, seriously envisage ourselves adopting a thoroughgoing objectivity of attitude to others as a result of theoretical conviction of the truth of determinism; and the second is that when we do in fact adopt such an attitude in a particular case, our doing so is not the consequence of a theoretical conviction which might be expressed as 'Determinism in this case', but is a consequence of our abandoning, for different reasons in different cases, the ordinary inter-personal attitudes.

It might be said that all this leaves the real question unan-

Welt lebt, weil sein Verhalten teils ein Handeln aus unbewussten Zwecken heraus ist oder weil er ein Idiot oder ein moralischer Idiot ist. Doch gibt es noch etwas anderes, das, *weil* dies wahr ist, sicherlich *nicht* wahr ist, und zwar, dass es eine Bedeutung von ›determiniert‹ gibt, so dass (1) dann, wenn der Determinismus wahr ist, alles Verhalten in diesem Sinne determiniert ist, und (2) der Determinismus wahr sein könnte, das heißt, es nicht inkonsistent mit den Tatsachen, wie wir sie kennen, ist, anzunehmen, dass alles Verhalten in diesem Sinne determiniert sein könnte, und (3) unsere Einnahme der objektiven Einstellung gegenüber dem Nicht-Normalen das Resultat der zuvor angenommenen Überzeugung ist, dass das Verhalten oder ein relevanter Teil des Verhaltens des betreffenden Menschen in diesem Sinne determiniert *ist*. Weder also im Falle des Normalen, noch des Nicht-Normalen ist es wahr, dass wir, wenn wir eine objektive Einstellung einnehmen, dies aus dem Grunde tun, *weil* wir solch eine Überzeugung haben. Damit hat meine Antwort zwei Teile. Der erste besagt, dass wir uns selbst, so wie wir sind, nicht ernsthaft als Wesen vorstellen können, die als Folge einer theoretischen Überzeugung von der Wahrheit des Determinismus eine durchgängige Objektivität der Einstellung anderen gegenüber einnehmen. Der zweite besagt, dass wir, wenn wir tatsächlich in einem besonderen Fall solch eine Einstellung einnehmen, dies nicht als Folge einer theoretischen Überzeugung tun, die man als ›Determinismus in diesem Fall‹ bezeichnen könnte, sondern als Folge davon, dass wir in verschiedenen Fällen aus verschiedenen Gründen die alltäglichen zwischenmenschlichen Einstellungen aufgeben.

Man könnte einwenden, dass all dies die eigentliche Fra-

swered, and that we cannot hope to answer it without knowing exactly what the thesis of determinism is. For the real question is not a question about what we actually do, or why we do it. It is not even a question about what we would *in fact* do if a certain theoretical conviction gained general acceptance. It is a question about what it would be *rational* to do if determinism were true, a question about the rational justification of ordinary inter-personal attitudes in general. To this I shall reply, first, that such a question could seem real only to one who had utterly failed to grasp the purport of the preceding answer, the fact of our natural human commitment to ordinary inter-personal attitudes. This commitment is part of the general framework [199] of human life, not something that can come up for review as particular cases can come up for review within this general framework. And I shall reply, second, that if we could imagine what we cannot have, viz. a choice in this matter, then we could choose rationally only in the light of an assessment of the gains and losses to human life, its enrichment or impoverishment; and the truth or falsity of a general thesis of determinism would not bear on the rationality of *this* choice.[4]

4 The question, then, of the connexion between rationality and the adoption of the objective attitude to others is misposed when it is

ge unbeantwortet lässt und dass man nicht hoffen kann, diese Frage zu beantworten, solange man nicht genau weiß, was die These des Determinismus eigentlich besagt. Denn die eigentliche Frage ist keine Frage danach, was wir tatsächlich tun oder weshalb wir es tun. Es ist nicht einmal eine Frage darüber, was wir *in der Tat* tun würden, würde eine bestimmte theoretische Überzeugung generell akzeptiert werden. Die Frage bezieht sich vielmehr darauf, was *rationalerweise* getan werden müsste, wäre der Determinismus wahr, es ist also eine Frage nach der rationalen Rechtfertigung alltäglicher zwischenmenschlicher Einstellungen im Allgemeinen. Darauf würde ich erstens antworten, dass eine solche Frage nur jemandem als wirkliche Frage erscheinen könnte, der die Bedeutung der zuvor gegebenen Antwort und damit die Tatsache unserer natürlichen menschlichen Festlegung auf alltägliche zwischenmenschliche Einstellungen völlig verfehlt hätte. Diese Festlegung ist Teil des generellen Rahmens [199] des menschlichen Lebens, nicht etwas, das revidiert werden könnte, wie besondere Fälle innerhalb dieses generellen Rahmens revidiert werden können. Und zweitens würde ich antworten, dass wir, wenn wir uns vorstellen könnten, was wir nicht haben können, nämlich eine Wahl in dieser Angelegenheit, rationalerweise nur im Lichte der Beurteilung der Vor- und Nachteile für das menschliche Leben, seine Bereicherung oder Verarmung wählen könnten; und die Wahrheit oder Falschheit einer generellen These des Determinismus würde keinen Einfluss auf die Rationalität *dieser* Wahl haben.[4]

4 Die Frage nach der Verbindung zwischen Rationalität und dem Einnehmen der objektiven Einstellung ist dann falsch gestellt,

5. The point of this discussion of the reactive attitudes in their relation – or lack of it – to the thesis of determinism was to bring us, if possible, nearer to a position of compromise in a more usual area of debate. We are not now to discuss reactive attitudes which are essentially those of offended parties or beneficiaries. We are to discuss reactive attitudes which are essentially not-those, or only incidentally are those, of offended parties or beneficiaries, but are nevertheless, I shall claim, kindred attitudes to those I have discussed. I put resentment in the centre of the previous discussion. I shall put moral indignation – or, more weakly, moral disapprobation – in the centre of this one.

The reactive attitudes I have so far discussed are essentially reactions to the quality of others' wills towards us, as manifested in their behaviour: to their good or ill will or indifference or lack of concern. Thus resentment, or what I have called resentment, is a reaction to injury or indiffer-

made to seem dependent on the issue of determinism. But there is another question which should be raised, if only to distinguish it from the misposed question. Quite apart from the issue of determinism, might it not be said that we should be nearer to being purely rational creatures in proportion as our relation to others was in fact dominated by the objective attitude? I think this might be said; only it would have to be added, once more, that if such a choice were possible, it would not necessarily be rational to choose to be more purely rational than we are.

5. Der Sinn dieser Diskussion der reaktiven Einstellungen in ihrer Beziehung – oder dem Fehlen einer Beziehung – zur These des Determinismus bestand darin, uns, falls möglich, einer Position des Kompromisses in einer weniger ungewohnten Debatte näherzubringen. Wir werden jetzt nicht reaktive Einstellungen verletzter Parteien oder Begünstigter diskutieren. Wir werden solche reaktiven Einstellungen diskutieren, die wesentlich nicht solche oder nur zufällig solche verletzter Parteien oder Begünstigter, die aber dennoch, so behaupte ich, den von mir diskutierten Einstellungen ähnlich sind. Ich habe den Groll ins Zentrum der vorangegangenen Diskussion gestellt. Ich werde moralische Empörung – oder, schwächer, moralische Missbilligung – ins Zentrum dieser Diskussion rücken.

Die reaktiven Einstellungen, die ich bisher diskutiert habe, sind wesentlich Reaktionen auf die Qualität des Willens anderer uns gegenüber, wie sie sich in deren Verhalten zeigt: in ihrem Wohlwollen oder Übelwollen oder in Gleichgültigkeit oder Mangel an Anteilnahme. So ist der Groll, oder das, was ich Groll genannt habe, eine Reaktion

wenn sie so gefasst wird, dass sie von der Angelegenheit des Determinismus abzuhängen scheint. Es gibt aber eine andere Frage, die man aufwerfen müsste, und sei es nur, um sie von der falsch gestellten Frage zu unterscheiden. Könnte man nicht unter völliger Auslassung der Angelegenheit des Determinismus sagen, dass wir im Verhältnis dazu näher dran wären, rein rationale Wesen zu sein, dass unsere Beziehung zu anderen in der Tat von der objektiven Einstellung dominiert wäre? Meiner Meinung nach könnte man das sagen; nur müsste einmal mehr hinzugefügt werden, dass dann, wenn eine solche Wahl möglich wäre, es nicht notwendigerweise rational wäre, zu wählen, rationaler zu sein, als wir es sind.

ence. The reactive attitudes I have now to discuss might be described as the sympathetic or vicarious or impersonal or disinterested or generalized analogues of the reactive attitudes I have already discussed. They are reactions to the qualities of others' wills, not towards ourselves, but towards others. Because of this impersonal or vicarious character, we give them different names. Thus one who experiences the vicarious analogue of resentment is said to be indignant or disapproving, or morally indignant or disapprov-[200]ing. What we have here is, as it were, resentment on behalf of another, where one's own interest and dignity are not involved; and it is this impersonal or vicarious character of the attitude, added to its others, which entitle it to the qualification 'moral'. Both my description of, and my name for, these attitudes are, in one important respect, a little misleading. It is not that these attitudes are essentially vicarious – one can feel indignation on one's own account – but that they are essentially capable of being vicarious. But I shall retain the name for the sake of its suggestiveness; and I hope that what is misleading about it will be corrected in what follows.

The personal reactive attitudes rest on, and reflect, an expectation of, and demand for, the manifestation of a certain degree of goodwill or regard on the part of other human beings towards ourselves; or at least on the expectation of, and demand for, an absence of the manifestation of

auf eine Verletzung oder auf Gleichgültigkeit. Die reaktiven Einstellungen, die ich nun diskutieren werde, könnten als teilnehmende, stellvertretende, unpersönliche, unbeteiligte oder generalisierte Entsprechungen der reaktiven Einstellungen beschrieben werden, die ich bereits diskutiert habe. Sie sind Reaktionen auf die Qualitäten des Willens anderer nicht uns selbst, sondern anderen gegenüber. Aufgrund dieses unpersönlichen oder stellvertretenden Charakters geben wir ihnen verschiedene Namen. So kann man von jemandem, der die stellvertretende Entsprechung des Grolls erfährt, sagen, dass er empört oder missbilligend oder moralisch empört oder missbilligend ist. [200] Wir haben es hier sozusagen mit einem Groll im Namen eines anderen zu tun, wobei das eigene Interesse und die eigene Würde nicht beteiligt sind; und es ist dieser unpersönliche oder stellvertretende Charakter der Einstellung, verbunden mit seinen anderen Einstellungen, der zu der Qualifikation ›moralisch‹ berechtigt. Sowohl meine Beschreibung als auch mein Name für diese Einstellungen sind zumindest in einer wichtigen Hinsicht ein wenig irreführend. Es ist nicht so, dass diese Einstellungen wesentlich stellvertreten – man kann Empörung auch in eigener Sache empfinden –, sondern, dass sie wesentlich in der Lage sind, stellzuvertreten. Ich werde jedoch den Namen um seiner Eindringlichkeit willen beibehalten und hoffe, dass das, was an ihm irreführend ist, im Folgenden korrigiert werden wird.

Die persönlichen reaktiven Einstellungen beruhen auf und reflektieren eine Erwartung und eine Forderung, dass andere uns gegenüber einen bestimmten Grad an gutem Willen oder Beachtung zeigen, wenigstens aber auf der Erwartung von und Forderung nach dem Fehlen einer Mani-

active ill will or indifferent disregard. (What will, in particular cases, *count* as manifestations of good or ill will or disregard will vary in accordance with the particular relationship in which we stand to another human being.) The generalized or vicarious analogues of the personal reactive attitudes rest on, and reflect, exactly the same expectation or demand in a generalized form; they rest on, or reflect, that is, the demand for the manifestation of a reasonable degree of goodwill or regard, on the part of others, not simply towards oneself, but towards all those on whose behalf moral indignation may be felt, i.e. as we now think, towards all men. The generalized and non-generalized forms of demand, and the vicarious and personal reactive attitudes which rest upon, and reflect, them are connected not merely logically. They are connected humanly; and not merely with each other. They are connected also with yet another set of attitudes which I must mention now in order to complete the picture. I have considered from two points of view the demands we make on others and our reactions to their possibly injurious actions. These were the points of view of one whose interest was directly involved (who suffers, say, the injury) and of others whose interest was not directly involved (who do not themselves suffer the injury). Thus I have spoken of personal reactive attitudes in the first

festation aktiven bösen Willens oder gleichgültiger Nichtbeachtung. (Was in besonderen Fällen als Manifestation guten oder bösen Willens oder als Nichtbeachtung *zählen* wird, ändert sich entsprechend der besonderen Beziehung, in der wir jeweils zu einem anderen Menschen stehen.) Die generalisierten oder stellvertretenden Entsprechungen der persönlichen reaktiven Einstellungen beruhen auf und reflektieren auf generalisierte Weise genau dieselbe Erwartung oder Forderung. Sie beruhen also auf oder reflektieren die Forderung nach der Manifestation eines vernünftigen Grades von Wohlwollen oder Beachtung auf Seiten anderer, und zwar nicht einfach einem selbst gegenüber, sondern gegenüber all denjenigen, in Bezug auf die moralische Empörung empfunden werden kann, und das bedeutet: gegenüber allen Menschen, wie wir jetzt meinen. Die generalisierten und nicht-generalisierten Formen der Forderung und die stellvertretenden und persönlichen reaktiven Einstellungen, die auf diesen Forderungen beruhen und sie reflektieren, sind nicht nur logisch miteinander verknüpft. Sie sind menschlich miteinander verknüpft; und nicht nur miteinander. Sie sind auch mit einer noch weiteren Menge von Einstellungen verknüpft, die ich jetzt erwähnen muss, um das Bild zu vervollständigen. Ich habe die Forderungen, die wir einander gegenüberstellen, und unsere Reaktionen auf die sie möglicherweise verletzenden Handlungen von zwei Standpunkten aus betrachtet. Dies waren die Standpunkte von jemandem, dessen Interesse direkt betroffen war (der, sagen wir einmal: die Verletzung erleidet), und anderer, deren Interesse nicht direkt betroffen war (die die Verletzung nicht selbst erleiden). So habe ich von persönlichen reaktiven Einstellungen im ersten Zusammenhang

connexion and of their vicarious analogues in the second. But the picture is not complete unless we consider also the correlates of these attitudes on the part of those on whom the demands are made, on the part of the agents. Just as there are personal and vicarious reactive attitudes associated with demands on others for oneself and [201] demands on others for others, so there are self-reactive attitudes associated with demands on oneself for others. And here we have to mention such phenomena as feeling bound or obliged (the 'sense of obligation'); feeling compunction; feeling guilty or remorseful or at least responsible; and the more complicated phenomenon of shame.

All these three types of attitude are humanly connected. One who manifested the personal reactive attitudes in a high degree but showed no inclination at all to their vicarious analogues would appear as an abnormal case of moral egocentricity, as a kind of moral solipsist. Let him be supposed fully to acknowledge the claims to regard that others had on him, to be susceptible of the whole range of self-reactive attitudes. He would then see himself as unique both as one (*the* one) who had a general claim on human regard and as one (*the* one) on whom human beings in general had such a claim. This would be a kind of moral solipsism. But it

und von ihren stellvertretenden Entsprechungen im zweiten Zusammenhang gesprochen. Das Bild ist jedoch nicht vollständig, solange wir nicht auch die Entsprechungen dieser Einstellungen auf Seiten derer betrachten, denen gegenüber die Forderungen erhoben werden, nämlich auf Seiten der Akteure. Genau so, wie es persönliche und stellvertretende reaktive Einstellungen mit Forderungen an andere für einen selbst und [201] Forderungen an andere für andere verbunden gibt, so gibt es selbst-reaktive Einstellungen, die mit Forderungen an einen selbst für andere verbunden sind. Und hier müssen wir solche Phänomene wie sich verbunden oder sich verpflichtet zu fühlen (der ›Sinn von Verpflichtung‹); Gewissensbisse zu haben; sich schuldig oder reumütig oder zumindest verantwortlich zu fühlen und das kompliziertere Phänomen der Scham erwähnen.

Alle diese drei Typen von Einstellungen sind miteinander menschlich verbunden. Jemand, der die persönlichen reaktiven Einstellungen in hohem Grad, aber überhaupt keine Neigung zu ihren stellvertretenden Entsprechungen zeigen würde, würde als ein nicht-normaler Fall moralischer Egozentrizität erscheinen, als eine Art moralischer Solipsist. Nehmen wir von diesem an, dass er die Forderung auf Beachtung anderer ihm gegenüber vollständig anerkennt und für den gesamten Bereich der selbst-reaktiven Einstellungen empfänglich ist. Er würde sich selbst dann als einzigartig betrachten, und zwar sowohl als jemanden (*den* Einen), der einen generellen Anspruch auf menschliche Beachtung hätte, als auch als jemand (*der* Eine), dem gegenüber Menschen generell solch einen Anspruch hätten. Dies wäre eine Art von moralischem Solipsismus.

is barely more than a conceptual possibility; if it is that. In general, though within varying limits, we demand of others for others, as well as of ourselves for others, something of the regard which we demand of others for ourselves. Can we imagine, besides that of the moral solipsist, any other case of one or two of these three types of attitude being fully developed, but quite unaccompanied by any trace, however slight, of the remaining two or one? If we can, then we imagine something far below or far above the level of our common humanity – a moral idiot or a saint. For all these types of attitude alike have common roots in our human nature and our membership of human communities.

Now, as of the personal reactive attitudes, so of their vicarious analogues, we must ask in what ways, and by what considerations, they tend to be inhibited. Both types of attitude involve, or express, a certain sort of demand for inter-personal regard. The fact of injury constitutes a prima facie appearance of this demand's being flouted or unfulfilled. We saw, in the case of resentment, how one class of considerations may show this appearance to be mere appearance, and hence inhibit resentment, *without* inhibiting, or displacing, the sort of demand of which resentment can be an expression, without in any way tending to make

Doch wäre dieser kaum mehr als eine begriffliche Möglichkeit, wenn überhaupt. Im Allgemeinen, wenn auch innerhalb sich verändernder Grenzen, fordern wir sowohl von anderen für andere als auch von uns selbst für andere etwas von der Beachtung, die wir auch von anderen uns gegenüber einfordern. Können wir uns, abgesehen vom moralischen Solipsisten, irgendeinen anderen Fall vorstellen, in dem ein oder zwei dieser drei Typen von Einstellungen vollständig entwickelt sind, ohne dabei jegliche Spur, wie schwach auch immer, der verbleibenden zwei aufzuweisen? Sollten wir dies können, dann würden wir uns etwas vorstellen, das weit unter oder weit über dem Level unserer gemeinsamen Menschlichkeit liegt – einen moralischen Idioten oder einen (moralischen) Heiligen. Denn alle diese Typen von Einstellungen haben gleicherweise gemeinsame Wurzeln in unserer menschlichen Natur und unserer Mitgliedschaft in menschlichen Gemeinschaften.

Nun müssen wir, wie wir es für die persönlichen reaktiven Einstellungen getan haben, ebenso in Bezug auf deren stellvertretende Entsprechungen fragen, auf welche Weise und durch welche Überlegungen sie tendenziell gehemmt werden können. Beide Typen von Einstellungen umfassen oder drücken eine bestimmte Sorte von Forderung nach zwischenmenschlicher Beachtung aus. Die Tatsache einer Verletzung liefert einen prima-facie-Beweis dafür, dass diese Forderung missachtet oder nicht erfüllt wurde. Im Fall des Grolls haben wir gesehen, wie eine Klasse von Überlegungen zeigen könnte, dass dieser Anschein bloßer Schein ist und also den Groll hemmt, *ohne* die Art von Forderung zu unterdrücken oder zu verdrängen, von der Groll ein Ausdruck sein kann, ohne uns also tendenziell auf ir-

us suspend our ordinary inter-personal attitudes to the agent. Considerations of this class operate in just the same way, for just the same reasons, in connexion with moral disapprobation or indignation; they inhibit indignation without in any way inhibiting the sort of demand on the agent of which [202] indignation can be an expression, the range of attitudes towards him to which it belongs. But in this connexion we may express the facts with a new emphasis. We may say, stressing the moral, the generalized aspect of the demand: considerations of this group have no tendency to make us see the agent as other than a morally responsible agent; they simply make us see the injury as one for which he was not morally responsible. The offering and acceptance of such exculpatory pleas as are here in question in no way detracts in our eyes from the agent's status as a term of moral relationships. On the contrary, since things go wrong and situations are complicated, it is an essential part of the life of such relationships.

But suppose we see the agent in a different light: as one whose picture of the world is an insane delusion; or as one whose behaviour, or a part of whose behaviour, is unintelligible to us, perhaps even to him, in terms of conscious purposes, and intelligible only in terms of unconscious purposes; or even, perhaps, as one wholly impervious to the self-reactive attitudes I spoke of, wholly lacking, as we say,

gendeine Weise dazu zu bringen, unsere alltäglichen zwischenmenschlichen Einstellungen gegenüber dem Akteur auszusetzen. Überlegungen dieser Klasse funktionieren mit Bezug auf moralische Missbilligung oder Empörung auf dieselbe Weise aus genau denselben Gründen. Sie unterdrücken Empörung, ohne auf irgendeine Weise die Art von Forderung gegenüber dem Akteur außer Kraft zu setzen, von der [202] Empörung ein Ausdruck sein kann, also des Bereichs von Einstellungen ihm gegenüber, zu dem sie gehört. In diesem Zusammenhang können wir jedoch den Tatsachen mit einer neuen Emphase Ausdruck verleihen: Betrachtungen dieser Gruppe neigen nicht dazu, uns dazu zu bringen, den Akteur als etwas anderes als einen moralisch verantwortlichen Akteur zu betrachten. Sie bringen uns einfach dazu, die Verletzung als etwas anzusehen, für das der Akteur nicht moralisch verantwortlich war. Solche entschuldigenden Verteidigungen, wie sie hier zur Debatte stehen, anzubieten und zu akzeptieren, schmälert in unseren Augen auf keine Weise den Status des Akteurs als eines Status moralischer Beziehungen. Im Gegenteil: Da Dinge schiefgehen können und Situationen kompliziert sind, besteht ein wesentlicher Teil des Lebens aus solchen (moralischen) Beziehungen.

Nehmen wir jedoch einmal an, wir würden den Akteur in einem anderen Licht sehen: als einen, dessen Bild von der Welt wahnsinnige Einbildung ist, oder als einen, dessen Verhalten oder ein Teil dessen Verhaltens im Sinne bewusster Zwecke für uns, vielleicht sogar für ihn selbst unverständlich ist, und verständlich nur im Sinne unbewusster Zwecke; oder vielleicht sogar als einen, der gänzlich immun gegenüber jenen selbst-reaktiven Einstellungen,

in moral sense. Seeing an agent in such a light as this tends, I said, to inhibit resentment in a wholly different way. It tends to inhibit resentment because it tends to inhibit ordinary inter-personal attitudes in general, and the kind of demand and expectation which those attitudes involve; and tends to promote instead the purely objective view of the agent as one posing problems simply of intellectual understanding, management, treatment, and control. Again the parallel holds for those generalized or moral attitudes towards the agent which we are now concerned with. The same abnormal light which shows the agent to us as one in respect of whom the personal attitudes, the personal demand, are to be suspended, shows him to us also as one in respect of whom the impersonal attitudes, the generalized demand, are to be suspended. Only, abstracting now from direct personal interest, we may express the facts with a new emphasis. We may say: to the extent to which the agent is seen in this light, he is not seen as one on whom demands and expectations lie in that particular way in which we think of them as lying when we speak of moral obligation; he is not, to that extent, seen as a morally responsible agent, as a term of moral relationships, as a member of the moral community.

I remarked also that the suspension of ordinary in-

von denen ich gesprochen habe, ist, der gänzlich, wie wir das nennen würden, des moralischen Sinnes entbehrt. Den Akteur in diesem Licht zu sehen, neigt dazu, so habe ich ausgeführt, Groll auf eine völlig andere Weise zu unterdrücken; neigt dazu, Groll zu unterdrücken, weil diese Sicht dazu neigt, alltägliche zwischenmenschliche Einstellungen im Allgemeinen und auch die Art von Forderung und Erwartung zu unterdrücken, die diese Einstellungen mit sich bringen. Umgekehrt neigt sie dazu, eine rein objektive Sicht auf den Akteur zu begünstigen, als einen, der lediglich Fragen aufwirft, die dem Verstehen seines Verhaltens, seinem Management, seiner Behandlung und Kontrolle dienen. Wieder gilt die Parallele für die generalisierten oder moralischen Einstellungen gegenüber dem Akteur, mit denen wir uns jetzt beschäftigen. Dasselbe nicht-normale Licht, das uns den Akteur als einen zeigt, demgegenüber die persönlichen Einstellungen und die persönliche Forderung ausgesetzt werden müssen, zeigt ihn ebenfalls als einen, demgegenüber die unpersönlichen Einstellungen und die generalisierte Forderung ausgesetzt werden müssen. Nur dann, wenn wir jetzt von den direkten persönlichen Interessen absehen, könnten wir die Tatsachen mit neuem Nachdruck benennen. Wir können sagen: In dem Ausmaß, in dem der Akteur in diesem Licht gesehen wird, wird er nicht als einer gesehen, an den Forderungen und Erwartungen auf die besondere Weise gestellt werden, auf die wir sie stellen, wenn wir von moralischer Verpflichtung sprechen. Er wird bis zu diesem Punkt nicht als moralisch verantwortlicher Akteur, als ein Akteur moralischer Beziehungen, als ein Mitglied der moralischen Gemeinschaft gesehen.

Ich habe auch angemerkt, dass das Aussetzen der alltäg-

ter-personal attitudes and the cultivation of a purely objective view is sometimes possible even when we have no such reasons for it as I have [203] just mentioned. Is this possible also in the case of the moral reactive attitudes? I think so; and perhaps it is easier. But the motives for a total suspension of moral reactive attitudes are fewer, and perhaps weaker: fewer, because only where there is antecedent personal involvement can there be the motive of seeking refuge from the strains of such involvement; perhaps weaker, because the tension between objectivity of view and the moral reactive attitudes is perhaps less than the tension between objectivity of view and the personal reactive attitudes, so that we can in the case of the moral reactive attitudes more easily secure the speculative or political gains of objectivity of view by a kind of setting on one side, rather than a total suspension, of those attitudes.

These last remarks are uncertain; but also, for the present purpose, unimportant. What concerns us now is to inquire, as previously in connexion with the personal reactive attitudes, what relevance any general thesis of determinism might have to their vicarious analogues. The answers once more are parallel; though I shall take them in a slightly different order. First, we must note, as before, that when the suspension of such an attitude or such attitudes occurs in a particular case, it is *never* the consequence of the belief that the piece of behaviour in question was determined in a

lichen zwischenmenschlichen Einstellungen und die Kultivierung einer rein objektiven Sicht selbst dann manchmal möglich ist, wenn wir keinen solchen Grund dies zu tun haben, wie ich ihn [203] gerade erwähnt habe. Ist dies auch im Falle moralischer reaktiver Einstellungen möglich? Ich denke ja, und vielleicht fällt dies sogar leichter. Doch sind die Motive dafür, moralische reaktive Einstellungen vollständig auszusetzen, weniger und vielleicht schwächer: weniger, weil es nur dort, wo es eine persönliche Beziehung gibt, ein Motiv geben kann, vor den Mühen dieser Beziehung zu fliehen; schwächer, weil die Spannung zwischen der Objektivität der Sicht und den moralischen reaktiven Einstellungen vielleicht niedriger als die Spannung zwischen der Objektivität der Sicht und den persönlichen reaktiven Einstellungen ist, so dass wir im Falle moralischer reaktiver Einstellungen die spekulativen oder politischen Vorteile der Objektivität der Sicht leichter dadurch sicherstellen können, dass wir diese Einstellungen, anstatt sie völlig auszusetzen, auf gewisse Art beiseite stellen.

Diese letzten Bemerkungen sind nicht hieb- und stichfest, doch ist das für den gegenwärtigen Zusammenhang auch nicht so wichtig. Uns interessiert es jetzt, zu untersuchen, welche Relevanz, wie zuvor in Zusammenhang mit den persönlichen reaktiven Einstellungen, irgendeine These des Determinismus für deren stellvertretende Entsprechungen haben kann. Die Antworten verlaufen einmal mehr völlig parallel, wobei ich sie in einer etwas anderen Reihenfolge angehe. Erstens müssen wir wie zuvor anmerken, dass das Aussetzen solch einer Einstellung oder solcher Einstellungen in einem besonderen Fall *nie* die Folge der Überzeugung ist, dass das Verhalten, um das es geht, in

sense such that all behaviour *might be*, and, if determinism is true, all behaviour *is*, determined in that sense. For it is not a consequence of any general thesis of determinism which might be true that nobody knows what he's doing or that everybody's behaviour is unintelligible in terms of conscious purposes or that everybody lives in a world of delusion or that nobody has a moral sense, i. e. is susceptible of self-reactive attitudes, &c. In fact no such sense of 'determined' as would be required for a general thesis of determinism is ever relevant to our actual suspensions of moral reactive attitudes. Second, suppose it granted, as I have already argued, that we cannot take seriously the thought that theoretical conviction of such a general thesis would lead to the total decay of the personal reactive attitudes. Can we then take seriously the thought that such a conviction – a conviction, after all, that many have held or said they held – would nevertheless lead to the total decay or repudiation of the vicarious analogues of these attitudes? I think that the change in our social world which would leave us exposed to the personal reactive attitudes but not at all to their vicarious analogues, the generalization of abnormal egocentricity which this would entail, is perhaps even harder for [204] us to envisage as a real possibility than the decay of both kinds of attitude together. Though there are some necessary and some contingent differences

dem Sinne determiniert war, dass alles Verhalten determiniert *sein könnte*, und dass dann, wenn der Determinismus wahr ist, alles Verhalten in diesem Sinne auch tatsächlich determiniert *ist*. Denn es ist keine Folge irgendeiner allgemeinen These des Determinismus, die wahr sein könnte, dass niemand weiß, was er tut, oder dass eines jeden Verhalten im Sinne bewusster Zwecke unverständlich ist oder dass jeder in einer Welt der Täuschung lebt oder dass niemand einen moralischen Sinn hat, das heißt empfänglich für selbst-reaktive Einstellungen ist, usw. Tatsächlich wird keine Bedeutung von ›determiniert‹, wie sie für eine allgemeine These des Determinismus benötigt wird, jemals dafür relevant sein, dass wir unsere moralischen reaktiven Einstellungen aussetzen. Zweitens können wir annehmen, dass wir, wie ich auch bereits gezeigt habe, den Gedanken, dass die theoretische Überzeugung einer solchen allgemeinen These zur völligen Auflösung der persönlichen reaktiven Einstellungen führen würde, nicht ernst nehmen können. Können wir denn dann den Gedanken ernst nehmen, dass eine solche Überzeugung – eine Überzeugung, die übrigens viele hatten oder meinten sie zu haben – dennoch zur totalen Auflösung oder Zurückweisung der stellvertretenden Entsprechungen dieser Einstellungen führen würde? Ich bin der Meinung, dass wir uns eine veränderte soziale Welt, in der es zwar die persönlichen reaktiven Einstellungen, ihre stellvertretenden Entsprechungen jedoch überhaupt nicht gäbe, dass wir uns also die Verallgemeinerung nicht-normaler Egozentrizität, die diese Welt aufweisen würde, noch weniger [204] als eine tatsächliche Möglichkeit vorstellen könnten, als die Auflösung beider Arten von Einstellungen zusammen. Obwohl es einige notwen-

between the ways and cases in which these two kinds of attitudes operate or are inhibited in their operation, yet, as general human capacities or pronenesses, they stand or lapse together. Finally, to the further question whether it would not be *rational*, given a general theoretical conviction of the truth of determinism, so to change our world that in it all these attitudes were wholly suspended, I must answer, as before, that one who presses this question has wholly failed to grasp the import of the preceding answer, the nature of the human commitment that is here involved: it is *useless* to ask whether it would not be rational for us to do what it is not in our nature to (be able to) do. To this I must add, as before, that if there were, say, for a moment open to us the possibility of such a god-like choice, the rationality of making or refusing it would be determined by quite other considerations than the truth or falsity of the general theoretical doctrine in question. The latter would be simply irrelevant; and this becomes ironically clear when we remember that for those convinced that the truth of determinism nevertheless really would make the one choice rational, there has always been the insuperable difficulty of explaining in intelligible terms how its falsity would make the opposite choice rational.

dige und einige kontingente Unterschiede zwischen den Weisen und Fällen gibt, auf die diese zwei Arten von Einstellungen funktionieren oder auf die sie in ihrer Funktion gehemmt werden, so stehen oder fallen diese Einstellungen doch als allgemeine menschliche Fähigkeiten oder Neigungen zusammen. Schließlich muss ich auf die weiterführende Frage, ob es unter der Voraussetzung, dass eine allgemeine Überzeugung von der Wahrheit des Determinismus gegeben wäre, nicht *rational* wäre, unsere Welt so zu verändern, dass in ihr all diese Einstellungen gänzlich ausgesetzt werden würden, wie zuvor antworten, dass jemand, der diese Frage stellt, gänzlich darin fehlgegangen ist, die Tragweite der vorangegangenen Antwort und damit die Natur der menschlichen Verpflichtung, die hier beteiligt ist, zu erfassen: Es ist *nutzlos* zu fragen, ob es für uns nicht rational wäre zu tun, was nicht in unserer Natur liegt (zu können). Dem muss ich wie zuvor hinzufügen, dass in dem Falle, dass uns zum Beispiel für einen Moment die Möglichkeit einer solchen gottähnlichen Wahl offen stünde, die Vernünftigkeit, diese Wahl zu treffen oder abzulehnen, durch gänzlich andere Überlegungen bestimmt wäre als durch die Wahrheit oder Falschheit der allgemeinen theoretischen Lehre, um die es geht. Letzteres wäre schlicht und einfach irrelevant; und das wird ironischerweise dann klar, wenn wir uns daran erinnern, dass für diejenigen, die davon überzeugt sind, dass die Wahrheit des Determinismus die eine Wahl dennoch tatsächlich vernünftig machen würde, immer noch die unüberwindbare Schwierigkeit bestand, auf verständliche Weise zu erklären, weshalb seine Falschheit die gegenteilige Wahl vernünftig machen würde.

I am aware that in presenting the argument as I have done, neglecting the ever-interesting varieties of case, I have presented nothing more than a schema, using sometimes a crude opposition, of phrase where we have a great intricacy of phenomena. In particular the simple opposition of objective attitudes on the one hand and the various contrasted attitudes which I have opposed to them must seem as grossly crude as it is central. Let me pause to mitigate this crudity a little, and also to strengthen one of my central contentions, by mentioning some things which straddle these contrasted kinds of attitude. Thus parents and others concerned with the care and upbringing of young children cannot have to their charges either kind of attitude in a pure or unqualified form. They are dealing with creatures who are potentially and increasingly capable both of holding, and being objects of, the full range of human and moral attitudes, but are not yet truly capable of either. The treatment of such creatures must therefore represent a kind of compromise, constantly shifting in one direction, between objectivity of attitude and developed human attitudes. Rehearsals insensibly [205] modulate towards true performances. The punishment of a child is both like and unlike the punishment of an adult. Suppose we try to relate this progressive emergence of the child as a responsible being,

Ich bin mir dessen bewusst, dass ich in meiner Darstellung des Arguments in Vernachlässigung der sehr interessanten Vielfalt von Fällen nicht mehr als einen groben Umriss präsentiert habe. Dies geschah an manchen Stellen, indem ich grobe Gegensätze anführte, wo wir es eigentlich mit einer großen Komplexität an Phänomenen zu tun haben. Besonders der einfache Gegensatz zwischen objektiven Einstellungen einerseits und den verschieden mit diesen in Kontrast gesetzten Einstellungen, die ich ihnen entgegengestellt habe, andererseits, muss so grob erscheinen, wie er zentral ist. Lassen Sie mich hier einmal kurz innehalten, um diese Grobheit ein wenig abzuschwächen und ebenso eine meiner zentralen Behauptungen zu stärken, indem ich einige Dinge erwähne, die diese zueinander in Kontrast gesetzten Arten der Einstellung umfassen. So können Eltern und andere, die mit der Sorge für und der Erziehung von jungen Kindern zu tun haben, nicht beide Formen der Einstellung in reiner oder unqualifizierter Form ihren Schützlingen gegenüber einnehmen. Sie haben mit Wesen zu tun, die potentiell und zunehmend fähig dazu sind, sowohl den gesamten Umfang menschlicher und moralischer Einstellungen zu haben, als auch deren Gegenstand zu sein, die aber noch nicht zu beidem ganz und gar fähig sind. Der Umgang mit solchen Wesen muss daher eine Art von Kompromiss darstellen, der sich stetig in eine Richtung zwischen der Objektivität der Einstellung und der entwickelten menschlichen Eigenschaften bewegt. Proben werden unmerklich [205] zu wahren Aufführungen. Die Bestrafung eines Kindes ist der Bestrafung eines Erwachsenen sowohl ähnlich als auch unähnlich. Angenommen, wir versuchen dieses fortschreitende Auftreten des

as an object of non-objective attitudes, to that sense of 'determined' in which, if determinism is a possibly true thesis, all behaviour *may* be determined, and in which, if it is a true thesis, all behaviour *is* determined. What bearing *could* such a sense of 'determined' have upon the progressive modification of attitudes towards the child? Would it not be grotesque to think of the development of the child as a progressive or patchy emergence from an area in which its behaviour is in this sense determined into an area in which it isn't? Whatever sense of 'determined' is required for stating the thesis of determinism, it can scarcely be such as to allow of compromise, border-line-style answers to the question, 'Is this bit of behavior determined or isn't it?' But in this matter of young children, it is essentially a border-line, penumbral area that we move in. Again, consider – a very different matter – the strain in the attitude of a psychoanalyst to his patient. *His* objectivity of attitude, *his* suspension of ordinary moral reactive attitudes, is profoundly modified by the fact that the aim of the enterprise is to make such suspension unnecessary or less necessary. Here we may and do naturally speak of restoring the agent's freedom. But here the restoring of freedom means bringing it about that the agent's behaviour shall be intelligible in

Kindes als eines verantwortlichen Wesens, als Gegenstand nicht-objektiver Einstellungen, zu der Bedeutung von ›determiniert‹ in Beziehung zu setzen, nach der, wenn der Determinismus eine möglicherweise wahre These ist, alles Verhalten determiniert sein *kann*, und wenn es eine wahre These ist, alles Verhalten determiniert *ist*. Welche Relevanz *könnte* solch eine Bedeutung von ›determiniert‹ für die fortschreitende Veränderung der Einstellungen gegenüber dem Kind haben? Wäre es nicht grotesk zu meinen, dass die Entwicklung des Kindes als einem fortschreitenden oder schwankenden Heraustreten aus dem einen Bereich, in dem sein Verhalten in diesem Sinne determiniert ist, in einen anderen, in dem es das nicht ist, wäre? Welche Bedeutung von ›determiniert‹ auch immer benötigt wird, um die These des Determinismus zu behaupten, so kann diese kaum einen Kompromiss, das heißt unkategorische Antworten auf die Frage zulassen ›Ist dieses Stück Verhalten determiniert oder nicht?‹ Doch bewegen wir uns in dieser Angelegenheit junger Kinder wesentlich in einem Grenz- oder Halbschattenbereich. Betrachten Sie ferner – eine hiervon völlig verschiedene Angelegenheit – die Spannung in der Einstellung eines Psychoanalytikers gegenüber seinem Patienten. *Seine* Objektivität der Einstellung, *sein* Aussetzen der alltäglichen moralischen reaktiven Einstellungen wird grundlegend verändert durch die Tatsache, dass das Ziel des Unternehmens darin besteht, dieses Aussetzen überflüssig oder weniger notwendig zu machen. In diesem Fall können wir davon sprechen und tun dies auch, dass die Freiheit des Akteurs wiederhergestellt wird. Allerdings bedeutet in diesem Fall die Wiederherstellung der Freiheit, dass es gelingt, das Verhalten des Akteurs im Sinne bewusster Zwecke an-

terms of conscious purposes rather than in terms only of unconscious purposes. *This* is the object of the enterprise; and it is in so far as *this* object is attained that the suspension, or half-suspension, of ordinary moral attitudes is deemed no longer necessary or appropriate. And in this we see once again the *irrelevance* of that concept of 'being determined' which must be the central concept of determinism. For we cannot both agree that this object is attainable and that its attainment has this consequence and yet hold (1) that neurotic behaviour is determined in a sense in which, it may be, all behaviour is determined, and (2) that it is because neurotic behaviour is determined in this sense that objective attitudes are deemed appropriate to neurotic behaviour. Not, at least, without accusing ourselves of incoherence in our attitude to psycho-analytic treatment.

6. And now we can try to fill in the lacuna which the pessimist finds in the optimist's account of the concept of moral responsibility, and of the bases of moral condemnation and punishment; and to fill it in from the facts as we know them. For, as I have [206] already remarked, when the pessimist himself seeks to fill it in, he rushes beyond the facts as we know them and proclaims that it cannot be filled in at all unless determinism is false.

statt im Sinne nur unbewusster Zwecke durchschaubar zu machen. *Darin* besteht der Gegenstand des Unternehmens, und darin liegt der Grund, dass *dieser* Gegenstand erreicht wird, dass das Aussetzen oder das Halbaussetzen der alltäglichen moralischen Einstellungen für nicht länger notwendig oder angemessen erachtet wird. Und an dieser Stelle sehen wir noch einmal die Irrelevanz des Begriffs von ›determiniert sein‹, der der zentrale Begriff des Determinismus sein muss. Denn wir können nicht sowohl zustimmen, dass dieses Ziel erreichbar ist, als auch, dass seine Erreichung diese Konsequenz hat, und weiterhin daran festhalten, (1) dass neurotisches Verhalten in einer Bedeutung determiniert ist, entsprechend der es sein könnte, dass alles Verhalten determiniert ist, und (2), dass neurotisches Verhalten in diesem Sinne determiniert ist, weil objektive Einstellungen gegenüber neurotischem Verhalten als angemessen erachtet werden. Zumindest nicht, ohne uns Inkohärenz unserer Einstellung gegenüber der psychoanalytischen Behandlung vorzuwerfen.

6. Und nun können wir versuchen, die Lücke zu schließen, die der Pessimist sowohl im Begriff moralischer Verantwortung, wie ihn der Optimist präsentiert, als auch in dessen Verständnis der Grundlagen für moralische Verurteilung und Bestrafung findet; nämlich sie zu schließen mittels der Tatsachen, wie wir sie kennen. Denn wie ich bereits angemerkt hatte [206], verfährt der Pessimist zu eilig, wenn er diese Lücke zu füllen sucht, und hinter die Tatsachen zurückgeht, wie wir sie kennen, und behauptet, dass die Lücke überhaupt nicht geschlossen werden kann, es sei denn, der Determinismus sei falsch.

Yet a partial sense of the facts as we know them is certainly present to the pessimist's mind. When his opponent, the optimist, undertakes to show that the truth of determinism would not shake the foundations of the concept of moral responsibility and of the practices of moral condemnation and punishment, he typically refers, in a more or less elaborated way, to the efficacy of these practices in regulating behaviour in socially desirable ways. These practices are represented solely as instruments of policy, as methods of individual treatment and social control. The pessimist recoils from this picture; and in his recoil there is, typically, an element of emotional shock. He is apt to say, among much else, that the humanity of the offender himself is offended by *this* picture of his condemnation and punishment.

The reasons for this recoil – the explanation of the sense of an emotional, as well as a conceptual, shock – we have already before us. The picture painted by the optimists is painted in a style appropriate to a situation envisaged as wholly dominated by objectivity of attitude. The only operative notions invoked in this picture are such as those of policy, treatment, control. But a thoroughgoing objectivity of attitude, excluding as it does the moral reactive attitudes, excludes at the same time essential elements in the concepts of *moral* condemnation and *moral* responsibility. This is the reason for the conceptual shock. The deeper

Dennoch ist ein Teil der Bedeutung der Tatsachen, wie wir sie kennen, dem Pessimisten sicherlich bekannt. Wenn sein Gegner, der Optimist, zu zeigen versucht, dass die Wahrheit des Determinismus die Grundlagen des Begriffs moralischer Verantwortung und der Praktiken moralischer Verurteilung und Bestrafung nicht erschüttern, dann verweist er typischerweise in mehr oder weniger ausgearbeiteter Art und Weise auf die Wirkungen, die diese Praktiken haben, Verhalten auf sozial erwünschte Weise zu steuern. Diese Praktiken werden lediglich als Instrumente für die Politikgestaltung verstanden, als Methoden zur individuellen Behandlung und sozialen Kontrolle. Der Pessimist weicht vor diesem Bild zurück, und in seinem Zurückweichen findet sich typischerweise das Element eines emotionalen Schocks. Neben vielem anderen ist er dazu geneigt, zu behaupten, dass die eigene Menschlichkeit des Täters durch genau *dieses* Bild von seiner Verurteilung und Bestrafung verletzt wird.

Die Gründe für dieses Zurückweichen – die Erklärung der Bedeutung eines sowohl emotionalen als auch begrifflichen Schocks – liegen bereits vor uns. Das Bild der Optimisten ist in einem Stil gezeichnet, der einer solchen Situation, die gänzlich als durch die Objektivität der Einstellung dominiert vorgestellt wird, angemessen ist. Die einzigen operativen Begriffe, die in diesem Bild aufgerufen werden, sind solche wie die Gestaltung von Politik, der Behandlung und Kontrolle. Doch schließt eine durchgehende Objektivität der Einstellung, die moralische reaktive Einstellungen ausschließt, zugleich wesentliche Elemente der Begriffe der *moralischen* Verurteilung und *moralischen* Verantwortung aus. Dies macht den Grund für

emotional shock is a reaction, not simply to an inadequate conceptual analysis, but to the suggestion of a change in our world. I have remarked that it is possible to cultivate an exclusive objectivity of attitude in some cases, and for some reasons, where the object of the attitude is not set aside from developed inter-personal and moral attitudes by immaturity or abnormality. And the suggestion which seems to be contained in the optimist's account is that such an attitude should be universally adopted to all offenders. This is shocking enough in the pessimist's eyes. But, sharpened by shock, his eyes see further. It would be hard to make *this* division in our natures. If to all offenders, then to all mankind. Moreover, to whom could this recommendation be, in any real sense, addressed? Only to the powerful, the authorities. So abysses seem to open.[5]

But we will confine our attention to the case of the offenders. [207] The concepts we are concerned with are those of responsibility and guilt, qualified as 'moral', on the one hand – together with that of membership of a moral community; of demand, indignation, disapprobation and con-

5 Peered into by Mr. J. D. Mabbott, in his article 'Freewill and Punishment', published in *Contemporary British Philosophy*, 3rd ser., 1956.

den begrifflichen Schock aus. Der tieferliegende emotionale Schock stellt eine Reaktion dar, die sich nicht einfach auf eine unangemessene begriffliche Analyse, sondern auf den Vorschlag einer Veränderung unserer Welt bezieht. Ich habe darauf hingewiesen, dass es in manchen Fällen und aus manchen Gründen möglich ist, eine exklusiv objektive Einstellung zu pflegen, wenn der Gegenstand der Einstellung nicht durch Unreife oder Nicht-Normalität von entwickelten zwischenmenschlichen und moralischen Einstellungen abgesetzt wird. Und der Vorschlag, der im Ansatz des Optimisten enthalten zu sein scheint, lautet, dass eine solche Einstellung universell auf alle Täter angewendet werden sollte. Das ist in den Augen des Pessimisten schockierend genug. Doch durch den Schock sensibilisiert sieht er noch weiter. Es wäre schwer, *diese* Teilung in unserer Natur vorzunehmen. Wenn allen Tätern gegenüber, dann der gesamten Menschheit gegenüber. An wen könnte darüber hinaus gefragt diese Empfehlung in irgendeinem realen Sinn adressiert sein? Nur an die Mächtigen, die Autoritäten. Und da scheinen sich Abgründe aufzutun.[5]

Wir werden unsere Aufmerksamkeit jedoch auf den Fall der Täter beschränken. [207] Die Begriffe, die uns beschäftigen, sind einerseits Verantwortung und Schuld, die als ›moralisch‹ qualifiziert wurden – zusammen mit dem Begriff der Zugehörigkeit zu einer moralischen Gemeinschaft; sowie die Begriffe Forderung, Empörung, Missbilli-

5 In die Mr. J. D. Mabbott schaut, in seinem Artikel »Freewill and Punishment«, veröffentlicht in: *Contemporary British Philosophy*, 3rd ser. (1956).

demnation, qualified as 'moral', on the other hand – together with that of punishment. Indignation, disapprobation, like resentment, tend to inhibit or at least to limit our goodwill towards the object of these attitudes, tend to promote an at least partial and temporary withdrawal of goodwill; they do so in proportion as they are strong; and their strength is in general proportioned to what is felt to be the magnitude of the injury and to the degree to which the agent's will is identified with, or indifferent to, it. (These, of course, are not contingent connexions.) But these attitudes of disapprobation and indignation are precisely the correlates of the moral demand in the case where the demand is felt to be disregarded. The making of the demand *is* the proneness to such attitudes. The holding of them does not, as the holding of objective attitudes does, involve as a part of itself viewing their object other than as a member of the moral community. The partial withdrawal of goodwill which *these* attitudes entail, the modification *they* entail of the general demand that another should, if possible, be spared suffering, is, rather, the consequence of *continuing* to view him as a member of the moral community; only as one who has offended against its demands. So the preparedness to acquiesce in that infliction of suffering on the offender which is an essential part of punishment is all of a

gung und Verurteilung, die als ›moralisch‹ qualifiziert wurden – zusammen mit dem Begriff der Bestrafung. Empörung und Missbilligung haben ebenso wie Groll die Tendenz dazu, unseren guten Willen gegenüber dem Objekt, gegenüber dem wir diese Einstellungen haben, zu unterdrücken oder zumindest zu begrenzen; sie haben die Tendenz, zumindest zum Teil und zeitweise die Zurücknahme guten Willens zu befördern. Sie tun dies im Verhältnis zu ihrer Stärke, und ihre Stärke steht allgemein im Verhältnis zur gefühlten Schwere der Verletzung und dem Grad, zu dem der Wille des Akteurs mit dieser identifiziert oder mit dieser nicht identifiziert ist. (Dies sind natürlich keine kontingenten Verbindungen.) Doch bilden diese Einstellungen der Missbilligung und Empörung genau die Entsprechungen der moralischen Forderung für den Fall, in dem man meint, dass die Forderung missachtet wird. Eine solche Forderung aufzustellen *besteht in* der Neigung, solche Einstellungen zu haben. Nimmt man so eine Einstellung ein, schließt das (anders als bei der Einnahme objektiver Einstellungen) als einen eigenen Bestandteil nicht ein, ihr Objekt als etwas anderes denn als Mitglied der moralischen Gemeinschaft zu betrachten. Die teilweise Zurücknahme guten Willens, die *diese* Einstellungen enthalten, und die Modifikation der allgemeinen Forderung, dass jemand anderes, wenn möglich, von Leid verschont werden sollte, die *sie* enthalten, ist eher die Folge davon, dass man *fortfährt*, ihn als Mitglied der moralischen Gemeinschaft zu verstehen; nun jedoch lediglich als jemanden, der gegen ihre Forderungen verstoßen hat. So gehört die Bereitschaft, es zu dulden, dass dem Täter Leid zugefügt wird, welches ein wesentlicher Teil von Bestrafung ist, zu dieser ganzen Pa-

piece with this whole range of attitudes of which I have been speaking. It is not only moral reactive attitudes towards the offender which are in question here. We must mention also the self-reactive attitudes of offenders themselves. Just as the other-reactive attitudes are associated with a readiness to acquiesce in the infliction of suffering on an offender, within the 'institution' of punishment, so the self-reactive attitudes are associated with a readiness on the part of the offender to acquiesce in such infliction *without* developing the reactions (e. g. of resentment) which he would normally develop to the infliction of injury upon him; i. e. with a readiness, as we say, to accept punishment[6] as 'his due' or as 'just'.

I am not in the least suggesting that these readinesses to acquiesce, either on the part of the offender himself or on the part of others, are always or commonly accompanied or preceded by indignant boilings or remorseful pangs; only that we have here a continuum of attitudes and feelings to which these [208] readinesses to acquiesce themselves belong. Nor am I in the least suggesting that it belongs to this continuum of attitudes that we should be ready to acquiesce in the infliction of injury on offenders in a fashion which we saw to be quite indiscriminate or in accordance with procedures which we knew to be wholly useless. On the contrary, savage or civilized, we have some belief in the

6 Of course not *any* punishment for *anything* deemed an offence.

lette von Einstellungen, von denen ich gesprochen habe. Es geht hier nicht nur um moralische reaktive Einstellungen gegenüber dem Täter. Wir müssen auch die selbst-reaktiven Einstellungen von Tätern selbst erwähnen. Wie auch die auf andere bezogenen reaktiven Einstellungen innerhalb der ›Institution‹ Strafe mit der Bereitschaft verbunden sind, es zu dulden, dass dem Täter Leid zugefügt wird, so sind die selbst-reaktiven Einstellungen mit der Bereitschaft des Täters verbunden, eine solche Zufügung zu dulden, *ohne* die Reaktionen (wie die des Grolls) zu entwickeln, die er normalerweise entwickeln würde, sollte ihm eine Verletzung zugefügt werden; das heißt mit der Bereitschaft, wie wir sagen, die Strafe[6] als ›das ihm Gebührende‹ oder als ›gerecht‹ zu akzeptieren.

Ich behaupte keineswegs, dass diese Bereitschaft zur Duldung, sei es auf Seiten des Täters selbst oder auf Seiten anderer, immer oder wenigstens für gewöhnlich von Schüben von Empörung oder Gewissensbissen begleitet wird oder auf diese folgt. Ich behaupte nur, dass wir es hier mit einem Kontinuum von Einstellungen und Gefühlen zu tun haben, zu denen diese [208] Bereitschaften zur Duldung gehören. Auch behaupte ich keineswegs, dass es zu diesem Kontinuum von Einstellungen gehört, dass wir bereit sein sollten, es auf eine Weise zu dulden, dass Tätern Verletzungen zugefügt werden, von der wir gesehen haben, dass sie ziemlich willkürlich oder in Übereinstimmung mit gänzlich nutzlosen Verfahren ist. Im Gegenteil, wir glauben unabhängig davon, ob wild oder zivilisiert, an den Nutzen von

6 Natürlich nicht *jede* Strafe für *irgendetwas*, das als eine Verletzung verstanden wird.

utility of practices of condemnation and punishment. But the social utility of these practices, on which the optimist lays such exclusive stress, is not what is now in question. What is in question is the pessimist's justified sense that to speak in terms of social utility alone is to leave out something vital in our conception of these practices. The vital thing can be restored by attending to that complicated web of attitudes and feelings which form an essential part of the moral life as we know it, and which are quite opposed to objectivity of attitude. Only by attending to this range of attitudes can we recover from the facts as we know them a sense of what we mean, i. e. of *all* we mean, when, speaking the language of morals, we speak of desert, responsibility, guilt, condemnation, and justice. But we *do* recover it from the facts as we know them. We do not have to go beyond them. Because the optimist neglects or misconstrues these attitudes, the pessimist rightly claims to find a lacuna in his account. We can fill the lacuna for him. But in return we must demand of the pessimist a surrender of his metaphysics.

Optimist and pessimist misconstrue the facts in very different styles. But in a profound sense there is something in common to their misunderstandings. Both seek, in different ways, to over-intellectualize the facts. Inside the

Praktiken der Verurteilung und Bestrafung. Doch liegt der soziale Nutzen dieser Praktiken, auf den der Optimist ein so ausschließliches Gewicht legt, nicht in dem, was nun zur Debatte steht. Was zur Debatte steht, ist die berechtigte Ansicht des Pessimisten, dass, wenn man ausschließlich von sozialem Nutzen redet, etwas Wesentliches in unserem Verständnis dieser Praktiken außer Acht gelassen wird. Diese wesentliche Sache kann wiederhergestellt werden, indem man diesem komplizierten Netz aus Einstellungen und Gefühlen Aufmerksamkeit schenkt, die einen wesentlichen Teil des moralischen Lebens ausmachen, wie wir es kennen, und die der Objektivität der Einstellung völlig entgegengesetzt sind. Nur indem wir uns mit diesem Bereich von Einstellungen befassen, können wir von den Tatsachen, wie wir sie kennen, einen Sinn davon zurückgewinnen, was wir meinen, das heißt von *allem*, was wir damit meinen, wenn wir im Gebrauch der Sprache der Moral von Verdienst, Verantwortung, Schuld, Verurteilung und Gerechtigkeit sprechen. Doch wir *erhalten* ihn von den Tatsachen, wie wir sie kennen. Wir müssen nicht hinter sie zurückgehen. Weil der Optimist diese Einstellungen außer Acht lässt oder missversteht, beansprucht der Pessimist zu Recht, eine Lücke in dessen Ansatz gefunden zu haben. Wir können die Lücke für ihn auffüllen. Im Gegenzug müssen wir aber vom Pessimisten fordern, seine Metaphysik aufzugeben.

Optimist und Pessimist missverstehen die Tatsachen auf sehr unterschiedliche Weise. Doch haben ihre Missverständnisse in einem tieferen Sinn etwas gemeinsam. Beide versuchen auf jeweils verschiedene Weise die Tatsachen zu überintellektualisieren. Innerhalb der allgemeinen

general structure or web of human attitudes and feelings of which I have been speaking, there is endless room for modification, redirection, criticism, and justification. But questions of justification are internal to the structure or relate to modifications internal to it. The existence of the general framework of attitudes itself is something we are given with the fact of human society. As a whole, it neither calls for, nor permits, an external 'rational' justification. Pessimist and optimist alike show themselves, in different ways, unable to accept this.[7] The optimist's style of over-intellectualizing the [209] facts is that of a characteristically incomplete empiricism, a one-eyed utilitarianism. He seeks to find an adequate basis for certain social practices in calculated consequences, and loses sight (perhaps wishes to lose sight) of the human attitudes of which these practices are, in part, the expression. The pessimist does not lose sight of these attitudes, but is unable to accept the fact that it is just

7 Compare the question of the justification of induction. The human commitment to inductive belief formation is original, natural, non-rational (not irrational), in no way something we choose or could give up. Yet rational criticism and reflection can refine standards and their application. Supply 'rules for judging of cause and effect'. Ever since the facts were made clear by Hume, people have been resisting acceptance of them.

Struktur oder des Netzes menschlicher Einstellungen und Gefühle, von denen ich gesprochen habe, ist endlos Platz für Modifikation, Umdeutung, Kritik und Rechtfertigung. Doch gehören Fragen der Rechtfertigung zur Struktur selbst oder stehen in Beziehung zu Modifikationen, die zu der Struktur gehören. Die Existenz des allgemeinen Rahmens von Einstellungen selbst ist uns mit der Tatsache einer menschlichen Gesellschaft gegeben. Weder erfordert es als Ganzes eine externe ›rationale‹ Rechtfertigung, noch lässt es eine solche Rechtfertigung zu. Pessimist und Optimist zeigen gleichermaßen, dass sie selbst auf verschiedene Weise nicht dazu in der Lage sind, dies zu akzeptieren.[7] Der Optimist überintellektualisiert die Tatsachen [209] charakteristischerweise im Stile eines unvollständigen Empirismus, eines einäugigen Utilitarismus. Er versucht, eine angemessene Grundlage für bestimmte soziale Praktiken in den berechneten Folgen zu finden, und verliert dabei die menschlichen Einstellungen, deren Ausdruck diese Praktiken zum Teil sind, aus dem Blick (vielleicht wünscht er sich sogar, diese aus dem Blick zu verlieren). Der Pessimist verliert die Einstellungen nicht aus den Augen, ist aber nicht in der Lage, die Tatsache zu akzeptieren, dass es ge-

7 Man vergleiche dies mit der Frage nach der Rechtfertigung der Induktion. Die menschliche Festlegung auf eine induktive Bildung von Überzeugungen ist ursprünglich, natürlich, nichtrational (nicht irrational) und auf keine Weise etwas, das wir wählen oder aufgeben könnten. Und dennoch können Kritik und Reflektion bestimmte Standards und deren Anwendung verfeinern und ›Regeln, um über Ursache und Wirkung zu urteilen‹ bereitstellen. Seit die Tatsachen durch Hume klargestellt wurden, haben sich Menschen dagegen gesträubt, sie zu akzeptieren.

these attitudes themselves which fill the gap in the optimist's account. Because of this, he thinks the gap can be filled only if some general metaphysical proposition is repeatedly verified, verified in all cases where it is appropriate to attribute moral responsibility. This proposition he finds it as difficult to state coherently and with intelligible relevance as its determinist contradictory. Even when a formula has been found ('contra-causal freedom' or something of the kind) there still seems to remain a gap between its applicability in particular cases and its supposed moral consequences. Sometimes he plugs this gap with an intuition of fittingness – a pitiful intellectualist trinket for a philosopher to wear as a charm against the recognition of his own humanity.

Even the moral sceptic is not immune from his own form of the wish to over-intellectualize such notions as those of moral responsibility, guilt, and blame. He sees that the optimist's account is inadequate and the pessimist's libertarian alternative inane; and finds no resource except to declare that the notions in question are inherently confused, that 'blame is metaphysical'. But the metaphysics was in the eye of the metaphysician. It is a pity that talk of the moral sentiments has fallen out of favour. The phrase would be quite a good name for that network of human attitudes in acknowledging the character and place of which

rade diese Einstellungen selbst sind, die die Lücke im Ansatz des Optimisten füllen. Deshalb glaubt er, dass die Lücke nur gefüllt werden kann, indem eine allgemeine metaphysische Aussage wiederholt bewiesen wird, und zwar in allen Fällen, in denen die Zuschreibung moralischer Verantwortung angemessen ist. Diese Aussage, so meint er, lasse sich ebenso wenig zusammenhängend und verständlich wie ihr deterministisches Gegenteil formulieren. Selbst dann, wenn man eine Formel gefunden haben sollte (wie ›wider-kausale Freiheit‹ oder etwas Ähnliches), scheint immer noch eine Lücke offenzubleiben zwischen der Anwendbarkeit im besonderen Fall und den angenommenen moralischen Folgen. Manchmal füllt er diese Lücke durch eine Intuition von Angemessenheit – ein kläglicher intellektualistischer Schmuck für einen Philosophen, den er als Talisman gegen die Erkenntnis seiner eigenen Menschlichkeit trägt.

Selbst der moralische Skeptiker ist nicht immun gegenüber seiner eigenen Art und Weise, solche Begriffe wie die der moralischen Verantwortung, der Schuld und des Vorwurfs überintellektualisieren zu wollen. Ihm ist klar, dass der Ansatz des Optimisten unangemessen und die libertarianische Alternative des Pessimisten gehaltlos ist; und er findet kein Hilfsmittel, es sei denn, zu erklären, dass die in Frage stehenden Begriffe in sich konfus sind, dass der ›Vorwurf metaphysisch ist‹. Doch die Metaphysik liegt im Auge des Metaphysikers. Es ist schade, dass die Rede von den moralischen Gefühlen aus der Mode gekommen ist. Dieser Ausdruck würde einen ziemlich guten Namen für dieses Netzwerk menschlicher Einstellungen abgeben, wobei wir, wie ich meine, darin, den Charakter und den Ort des Netz-

we find, I suggest, the only possibility of reconciling these disputants to each other and the facts.

There are, at present, factors which add, in a slightly paradoxical way, to the difficulty of making this acknowledgement. These human attitudes themselves, in their development and in the variety of their manifestations, have to an increasing extent become objects of study in the social and psychological sciences; and this growth of human self-consciousness, which we might expect to reduce the difficulty of acceptance, in fact increases it in several ways. One factor of comparatively minor importance is an increased historical and anthropological awareness of the great variety of forms which these human attitudes may take at different times and in different cultures. This makes one rightly chary of claiming as essential features of the concept of morality [210] in general, forms of these attitudes which may have a local and temporary prominence. No doubt to some extent my own descriptions of human attitudes have reflected local and temporary features of our own culture. But an awareness of variety of forms should not prevent us from acknowledging also that in the absence of *any* forms of these attitudes it is doubtful whether we should have anything that *we* could find intelligible as a system of human relationships, as human society. A quite different fac-

werkes anzuerkennen, die einzige Möglichkeit finden, diese Gegner miteinander und mit den Tatsachen zu versöhnen.

Gegenwärtig stößt man auf Faktoren, die es auf leicht paradoxe Weise erschweren, dies anzuerkennen. Diese menschlichen Einstellungen selbst sind in ihrer Entwicklung und in der Vielfalt ihrer Erscheinungsformen in wachsendem Ausmaß in den Sozialwissenschaften und der Psychologie zum Gegenstand der Forschung geworden; und dieser Zuwachs an menschlichem Selbstbewusstsein, von dem wir erwarten können, dass es die Schwierigkeit reduziert, dies zu akzeptieren, vergrößert vielmehr die Schwierigkeit auf verschiedene Arten und Weisen. Ein Faktor von vergleichsweise geringer Bedeutung besteht in einem vermehrten historischen und anthropologischen Bewusstsein für die große Vielfalt der Formen, die diese menschlichen Einstellungen zu verschiedenen Zeitpunkten und in verschiedenen Kulturen annehmen können. Dies macht einen berechtigterweise vorsichtig, Formen dieser Einstellungen, die möglicherweise eine örtlich oder zeitlich spezifische Bedeutung haben, als wesentliche Bestandteile des Begriffs der Moral [210] im Allgemeinen zu behaupten. Zweifellos spiegeln meine eigenen Beschreibungen der menschlichen Einstellungen zu einem gewissen Ausmaß lokale und zeitliche Merkmale unserer eigenen Kultur wider. Doch sollte uns ein Bewusstsein der Vielfalt der Formen auch nicht davon abhalten, anzuerkennen, dass es in Abwesenheit *irgendwelcher* Formen dieser Einstellungen zweifelhaft ist, ob wir irgendetwas hätten, das *wir* verständlich fänden, sei es als System menschlicher Beziehungen oder sei es als menschliche Gesellschaft. Ein davon

tor of greater importance is that psychological studies have made us rightly mistrustful of many particular manifestations of the attitudes I have spoken of. They are a prime realm of self-deception, of the ambiguous and the shady, of guilt-transference, unconscious sadism and the rest. But it is an exaggerated horror, itself suspect, which would make us unable to acknowledge the facts because of the seamy side of the facts. Finally, perhaps the most important factor of all is the prestige of these theoretical studies themselves. That prestige is great, and is apt to make us forget that in philosophy, though it also is a theoretical study, we have to take account of the facts in *all* their bearings; we are not to suppose that we are required, or permitted, as philosophers, to regard ourselves, as human beings, as detached from the attitudes which, as scientists, we study with detachment. This is in no way to deny the possibility and desirability of redirection and modification of our human attitudes in the light of these studies. But we may reasonably think it unlikely that our progressively greater understanding of certain aspects of ourselves will lead to the total disappearance of those aspects. Perhaps it is not inconceivable that it should; and perhaps, then, the dreams of some philosophers will be realized.

If we sufficiently, that is *radically*, modify the view of

deutlich verschiedener Faktor von größerer Wichtigkeit besteht darin, dass uns Studien der Psychologie zu Recht misstrauisch gemacht haben gegenüber vielen besonderen Umsetzungen von Einstellungen, von denen ich gesprochen habe. Sie sind ein Hauptbereich der Selbsttäuschung, der Mehrdeutigkeit und des Fragwürdigen, der Schuldübertragung, des unbewussten Sadismus und des ganzen Restes. Doch wäre ein übertriebenes Grauen, das uns aufgrund der düsteren Seite der Tatsachen unfähig machen würde, die Tatsachen als solche anzuerkennen, selbst verdächtig. Schließlich besteht der vielleicht wichtigste Faktor von allen im Ansehen dieser theoretischen Studien selbst. Dieses Ansehen ist groß, und es tendiert dazu, uns vergessen zu machen, dass wir in der Philosophie, obwohl sie ebenso eine theoretische Untersuchung ist, die Tatsachen in *all* ihren Bedeutungen berücksichtigen müssen. Wir dürfen nicht annehmen, dass von uns als Philosophen gefordert würde oder dass wir die Erlaubnis hätten, uns selbst als Menschen zu verstehen, die unabhängig von den Einstellungen sind, die wir als Wissenschaftler mit Distanz studieren. Dies bedeutet keineswegs, zu leugnen, dass es möglich und wünschbar wäre, unsere menschlichen Einstellungen im Lichte dieser Studien neu auszurichten und zu verändern. Wir können es jedoch mit guten Gründen für unwahrscheinlich halten, dass unser zunehmend besseres Verständnis bestimmter Aspekte unserer selbst dazu führen würde, dass diese Aspekte vollständig verschwinden würden. Vielleicht ist es nicht unvorstellbar, dass solches einmal geschehen sollte; und vielleicht werden dann die Träume einiger Philosophen wahr.

Wenn wir die Sicht des Optimisten hinreichend, also

the optimist, his view is the right one. It is far from wrong to emphasize the efficacy of all those practices which express or manifest our moral attitudes, in regulating behaviour in ways considered desirable; or to add that when certain of our beliefs about the efficacy of some of these practices turn out to be false, then we may have good reason for dropping or modifying those practices. What *is* wrong is to forget that these practices, and their reception, the reactions to them, really *are* expressions of our moral attitudes and not merely devices we calculatingly employ for regulative purposes. Our practices do not merely exploit our natures, they express them. Indeed the very understanding of the kind of efficacy these expressions of our attitudes [211] have turns on our remembering this. When we do remember this, and modify the optimist's position accordingly, we simultaneously correct its conceptual deficiencies and ward off the dangers it seems to entail, without recourse to the obscure and panicky metaphysics of libertarianism.

auf radikale Weise verändern, dann ist seine Sicht die richtige. Es ist alles andere als falsch, die Wirksamkeit all der Praktiken zu betonen, die unsere moralischen Einstellungen ausdrücken oder manifestieren, um Verhalten auf erwünschte Weise zu steuern; oder hinzuzufügen, dass wir, falls sich bestimmte unserer Überzeugungen über die Wirksamkeit mancher dieser Praktiken als falsch herausstellen, einen guten Grund haben, diese Praktiken fallenzulassen oder sie zu verändern. Falsch *ist*, zu vergessen, dass diese Praktiken und die Wahrnehmung dieser Praktiken, die Reaktionen auf sie, in Wahrheit Ausdruck unserer moralischen Einstellungen *sind* und nicht nur Instrumente, die wir berechnend verwenden, um zu steuern. Unsere Praktiken beuten nicht einfach unsere Natur aus, sie drücken sie aus. Besonders unser Verständnis der Art von Wirksamkeit, die diese gegenüber unseren Einstellungen hat, bringt uns dazu, dessen eingedenk zu sein [211]. Wenn wir dies bedenken und die Position des Optimisten entsprechend verändern, dann korrigieren wir gleichzeitig seine begrifflichen Mängel und wehren die Gefahren ab, die sie zu enthalten scheint, ohne auf die obskure und überängstliche Metaphysik des Libertarianismus zurückzugreifen.

Zu dieser Ausgabe

Der Abdruck des englischen Originaltextes folgt dem Text der Erstveröffentlichung:

> Peter F. Strawson: Freedom and Resentment. In: Proceedings of the British Academy. London: Oxford University Press, 1962. S. 187–211.

Typographische Besonderheiten, wie etwa zur Hervorhebung *kursiv* gesetzte Textteile, wurden beibehalten. Die Originalpaginierung wird in eckigen Klammern wiedergegeben. Die Rechtschreibung und Zeichensetzung folgt der Vorlage buchstaben- und zeichengenau. Die Originalpaginierung wird auch in der deutschen Übersetzung angegeben. Das Original beginnt die Fußnotenzählung auf jeder Seite von Neuem. Das wurde in dieser Ausgabe nicht übernommen, so dass alle Fußnoten fortlaufend gezählt werden.

Strawson verwendet durchgehend maskuline Formen in seinen Beispielen, die mit einer Ausnahme, bei der ich mit dem neutralen Ausdruck »Person« übersetzt habe, übernommen wurden. Damit soll keine Stellung zu einer rein maskulinen Sprachverwendung bezogen werden, sondern lediglich das Original eben auch in dieser Hinsicht adäquat wiedergegeben werden. Dasselbe gilt für Ausdrücke wie »insane«, »mentally deranged«, »normal«/»abnormal«, aber auch »civilized«, »wild« oder »idiot«.

Anmerkungen

7,4 *Akademie:* Der Aufsatz »Freedom and Resentment« wurde 1962 von Strawson in der *British Academy for the Promotion of Historical, Philosophical and Philological Studies* als Vorlesung gehalten. 1960 war Strawson in die Akademie gewählt worden, an der er 1962 als Gastwissenschaftler (Fellow) forschte. Die *Academy* hat eine ähnliche Stellung wie etwa die Berlin-Brandenburgische Akademie der Wissenschaften. Von 1927 bis 1991 wurden regelmäßig Beiträge ihrer Gastwissenschaftler in den *Proceedings* herausgegeben.

7,9 *Pessimisten:* Inzwischen werden diejenigen, die von Strawson als »Pessimisten« bezeichnet werden, dem Inkompatibilismus zugerechnet, da sie die These vertreten, dass Willensfreiheit und eine durchgängig determinierte Welt miteinander unverträglich, also inkompatibel sind. Sie sind pessimistisch in Bezug auf die Möglichkeit der Willensfreiheit in einer determinierten Welt. Kompatibilität oder Verträglichkeit wird üblicherweise auf Aussagen bezogen: Zwei Aussagen sind genau dann miteinander verträglich oder kompatibel, wenn sie beide zugleich wahr sein können. Inkompatibel oder unverträglich miteinander sind sie genau dann, wenn sie nicht beide zugleich wahr sein können. Tatsächlich war die terminologische Unterscheidung zwischen Optimisten und Pessimisten auch damals nicht geläufig, sondern Strawsons Erfindung – und diese Unterscheidung hat sich in dieser Form auch nicht durchgesetzt. Für eine Darstellung des Inkompatibilismus siehe Keil 2017, Kap. 4.

7,15 *Optimisten:* Inzwischen werden diejenigen, die von Strawson als »Optimisten« bezeichnet werden, dem Kompatibilismus zugeordnet, da sie die These vertreten, dass Willensfreiheit und eine durchgängig determinierte Welt miteinander verträglich, also kompatibel sind. Sie sind optimistisch in Bezug auf die Möglichkeit der Willensfreiheit in einer determinierten Welt. Auch hier sollte bedacht werden, dass die Kompatibilität strenggenommen eine Kompatibilität zwischen Aussagen ist. Für eine Darstellung des Kompatibilismus siehe Keil 2017, Kap. 3.

7,17 *raison d'être:* Daseinsberechtigung, Rechtfertigung.

9,5–8 *Sollte ich gefragt werden, ... nicht wissen, was die These des Determinismus besagt:* Diese Bemerkung ist sicherlich rhetorisch gemeint. Möglicherweise will Strawson bereits an dieser Stelle seine eigene These der »*Irrelevanz* der Determinismusfrage« (Keil 2017, S. 77) für das Thema der Willensfreiheit ins Spiel bringen. Alternativ könnte die Frage aber auch Teil der Gesamtstrategie Strawsons sein, auf Selbstverständlichkeiten der Debatte aufmerksam zu machen und einen Wechsel des Umgangs mit der gesamten Thematik zu motivieren.

9,21 f. *formale Zurücknahme ... substantielles Eingeständnis:* In Vorwegnahme des späteren Ergebnisses des Textes lässt sich vermuten, dass Strawson unter substantiellem *Eingeständnis* eine Erweiterung der optimistischen Position um die vom Pessimisten aufgemachte Lücke versteht, wohingegen sich die formale Zurücknahme auf die Position des Pessimisten bezieht, die semi-formale These aufzugeben, dass Freiheit die Falschheit der These des Determinismus voraussetzt.

11,28 *Nowell-Smith:* Patrick Nowell-Smith (1914–2006) vertritt in dem Aufsatz »Freewill and Moral Responsibility« einen Determinismus, der auf den Kausalfolgen des Lobens und Tadelns aufbaut und damit die Moralpraxis fundieren soll. Er vertritt also jene Position, die Strawson Optimismus nennt.

15,12 *negative Freiheit:* Damit bezieht sich Strawson auf die Freiheit, die klassischerweise als Freiheit von Einschränkungen (daher negativ) verstanden wird.

15,22 f. *sind oft wirklich ihre Gründe und nicht ihre Rationalisierungen:* Der Satz selbst gibt implizit bereits eine Erläuterung des Ausdrucks ›Rationalisierung‹. Die Rationalisierung einer Handlung würde zwar Gründe nennen, durch die eine Handlung verständlich wird, doch würde es sich dabei eigentlich nicht um die wirklichen Gründe handeln, aus denen heraus die Person gehandelt hat. Man hat sein eigenes Handeln lediglich rationalisiert. Der Ausdruck »Rationalisierung« stammt aus der Psychoanalyse und bedeutet dort ein nachträgliches Verständlichmachen des eigenen Verhaltens, das eigentlich aus anderen Motiven heraus vollzogen

wurde. Rationalisierung wird auch als ein Schutzmechanismus verstanden, um sich über die eigenen irrationalen Motive zu täuschen oder ein positives Selbstbild zu bewahren.

17,21 f. *richtige Art einer Grundlage für diese Praktiken:* Strawson meint hier eine rechtfertigende Grundlage. Wie später deutlich wird, geht es dabei um die Frage, was die Praktiken rechtfertigt und vernünftig macht.

19,7 *Disput zwischen Deterministen und Libertarianern:* Hier unterscheidet Strawson innerhalb des Lagers der Pessimisten zwischen Deterministen und Libertarianern, nämlich zwischen Willensfreiheitsoptimisten und Willensfreiheitspessimisten. Ein:e Inkompatibilist:in vertritt die These, dass Willensfreiheit und eine determinierte Welt einander ausschließen. Ist man unter dieser Annahme optimistisch, dann ist man der Meinung, dass es Willensfreiheit gibt. Und das bedeutet, dass man die zusätzliche These vertritt, dass unsere Welt nicht determiniert ist. Diese Position wird auch heute noch »Libertarianismus« genannt. Ist man unter derselben Annahme hingegen pessimistisch, dann ist man der Meinung, dass die Welt durchgängig determiniert ist. Und daraus folgt dann, dass es keine Willensfreiheit gibt. Diese Position wird häufig »(harter) Determinismus« genannt. Vgl. in Bezug auf den Inkompatibilismus Keil 2017, Kap. 4. Für eine Verteidigung eines Libertarianismus siehe Hartmann 2000 und in absehbarer Zukunft Hartmann, *System* Bd. VI (voraussichtlich 2025).

21,13 *La Rochefoucauld:* François VI. de La Rochefoucauld (1613–1680), ein französischer Moralist, der insbesondere für seine *Réflexions ou Sentences et maximes morales* bekannt ist, auf die Strawson hier wohl anspielt. In seinen Aphorismen untersucht La Rochefoucauld die Natur des Menschen und schildert mit beißender Ironie etwa das Verhalten von Adeligen. Die Aphorismen sind eine wichtige Quelle für die Art und Weise, wie die bürgerliche Welt Frankreichs im klassischen Zeitalter (der frühen Neuzeit) mit diesen fertigzuwerden versucht.

23,28 f. *ein eher unmodernes Thema in der Moralphilosophie:* Dies hat sich geändert, vgl. etwa Griswold 2007. Lucy Allais untersucht das Phänomen der Verzeihung speziell in Auseinandersetzung mit

Strawsons Aufsatz (Allais 2014). Siehe auch das Kapitel zu Vergebung in Cowley 2014, S. 65–90.

25,20 f. *die reaktiven Einstellungen und Gefühle:* Strenggenommen führt Strawson den Terminus ›reaktive Einstellung‹ nicht erst einmal ein, sondern verwendet ihn unmittelbar. Lediglich die Kursivierung macht deutlich, dass er in der Folge die Rede von ›reaktiven‹ Einstellungen als *Terminus technicus* verstanden wissen möchte. Eine terminologische Einführung im strengeren Sinne würde besagen, dass Strawson explizit anmerkt, er werde in der Folge die beschriebenen Einstellungen ›reaktive Einstellungen‹ nennen. In diesem Fall würde er explizit einen sprachlichen Ausdruck mit einer Bedeutung belegen, so dass die weitere Verwendung dieses Ausdrucks immer genau in dem angegebenen Sinne zu verstehen ist.

27,7 f. *in unserem kühlen, gegenwärtigen Stil:* Oxford zu der Zeit, als Strawson diesen Text veröffentlichte, wurde geprägt von der sprachphilosophischen Strömung der Philosophie der normalen Sprache (Ordinary Language Philosophy). Diese Strömung wird oft in Abgrenzung zur sogenannten Philosophie der Idealsprache charakterisiert. Letztere steht in der Tradition Gottlob Freges (1848–1925) und verfolgt das Ziel, eine Sprache zu entwickeln, die um all die Unsauberkeiten bereinigt ist, die in unserer alltäglichen Sprachverwendung zu finden sind. Die Philosophie der normalen Sprache hingegen untersucht gerade unsere alltägliche Sprachverwendung, in der Annahme, dass sich in dieser unsere genuine Art, uns die Welt verständlich zu machen, zu finden ist. Beide Strömungen ordnet man der zur Mitte des 20. Jahrhunderts vorherrschenden sprachanalytischen Philosophie zu. Diese hatte durchaus einen Hang zu semi-formalen Analysen, die im Falle einer Begriffsanalyse Auflistungen notwendiger und zusammengenommen hinreichender Bedingungen gaben, dadurch aber schnell einen sterilen und der alltäglichen Praxis gegenüber abgehobenen Eindruck erweckt. Strawson wendet sich also mit dieser Bemerkung gegen diesen Stil, vielleicht auch nur gegen die Philosophie der Idealsprache.

29,12 f. *verschiedenen Verteidigungen:* Strawson verwendet verschiedene Ausdrücke, um die hier diskutierten Zurückweisungen von

Verantwortungszuschreibungen zu benennen. Im Folgenden soll allgemein von Anfechtungsgründen gesprochen werden (vgl. hier S. 135–136).

31,28–30 *Vielleicht nicht in jedem Fall genau ... zählen diese Unterschiede nicht:* Wichtig ist, dass in diesen Fällen nicht gegen die Erwartungen und Forderungen gehandelt wird, auch wenn nicht notwendigerweise genau das getan wird, was gefordert wird. Die Person, die einer anderen aus Versehen auf den Fuß getreten ist, hat in gewissem Sinne natürlich nicht vollständig das getan, was sie tun soll (niemandem auf den zu Fuß treten). Aber sie hat klarerweise nicht gegen die Norm verstoßen, niemandem willentlich auf den Fuß zu treten.

35,19 f. *einander insgesamt ausschließen, doch sind sie einander grundlegend entgegengesetzt:* Diese scheinbar widersprüchliche Formulierung lässt sich so verstehen: Bezüglich einer Person können wir in einer Hinsicht eine objektive Einstellung und in einer anderen Hinsicht eine reaktive Einstellung einnehmen. Insofern schließen beide Einstellungen einander nicht aus. Allerdings ist das Einnehmen der objektiven Einstellung bezüglich einer Hinsicht gerade dem Einnehmen einer reaktiven Einstellung bzgl. genau derselben Hinsicht entgegengesetzt.

35,28 *Gerundiv:* Partizip der Notwendigkeit, ein von einem Verb abgeleitetes Adjektiv, das eine Notwendigkeit anzeigt. Das Gerundiv ist eigentlich eine Verbform im Lateinischen, die im Deutschen nur umschreibbar (»das zu lesende Buch«) ist (»das Buch, das gelesen werden muss«).

43,3–5 *Eine Vorherrschaft ... Wille regiert:* Wenn wir eine Person dafür entschuldigen, etwas eigentlich Schlechtes getan zu haben, etwa damit, dass wir akzeptieren, dass sie nicht wusste, dass ihr Tun diese Folgen haben würde, dann lassen wir guten Willen walten. Wir sind wohlwollend und unterstellen nicht umgekehrt auf ihrer Seite einen bösen Willen. Wenn man also davon ausgehen würde, dass alles unser Handeln immer derart wäre, dass wir entschuldigende Gründe haben, würde ein universell guter Wille herrschen.

59,21–23 *moralischer Egozentrizität ..., als eine Art moralischer Solipsist:* eine Egozentriker:in ist eine Person, die völlig auf sich kon-

zentriert ist und die Perspektive Anderer nicht einnimmt. Solipsist:in wiederum bezieht sich ebenso auf eine Person, die nur sich selbst sieht. Moralisch egozentrisch oder solipsistisch wäre eine Person eben dann, wenn sie nicht dazu in der Lage wäre, stellvertretende reaktive Einstellungen einzunehmen.

61,25 *prima-facie-Beweis:* Der lateinische Ausdruck *prima facie* bedeutet ›auf den ersten Blick‹. Strawson verwendet hier einen Fachausdruck aus der Rechtssprache, wenn er von »prima facie evidence« oder, ins Deutsche übertragen, von einem Anscheinsbeweis oder einem prima-facie-Beweis spricht. Dabei handelt es sich um ein positiv-rechtliches Mittel der Beweisführung. Von solch einem Mittel kann hier natürlich nicht die Rede sein, da es um außerrechtliche, moralische Verhältnisse geht. Allerdings verwendet Strawson den Ausdruck, da es in abgeschwächter Form auch im moralischen Miteinander etwas Ähnliches gibt. Wenn mir jemand auf den Fuß tritt, dann berechtigt mich das zu der Anfangsvermutung, dass dies aus Absicht oder zumindest aus mangelnder Vorsicht geschehen ist. Auf den zweiten Blick kann sich dann aber natürlich herausstellen, dass die Person geschubst wurde und gar nichts dafür kann.

65,2 *des moralischen Sinnes:* Der Ausdruck verweist auf die britische Strömung der moral sense Philosophie, auf die Strawson an späterer Stelle nochmals zu sprechen kommt. Dabei handelt es sich um eine Strömung im 18. Jahrhundert, zu dem insbesondere die Philosophen Anthony Ashley Cooper, besser bekannt als Earl of Shaftesbury (1671–1713), Francis Hutcheson (1694–1746), David Hume (1711–1776), und Adam Smith (1723–1790) zu zählen sind. Allgemein wird das moralische Gefühl in den Mittelpunkt ethischer und metaethischer Überlegungen gestellt.

73,27 f. *Proben:* Strawson beschreibt die Erziehung hier als eine Ansammlung von »Proben« für die späteren ernsten »Auftritte«. Die Ernsthaftigkeit zeigt sich etwa darin, dass man Kindern in verschiedenem Alter für dieselbe Tat verschieden starke Vorwürfe machen würde. Sie müssen erst lernen, was es bedeutet, verantwortlich zu handeln.

81,28 *Mabbott* ist Strawsons Tutor in Oxford gewesen, als dieser am St. John's College studiert hat.

87,25 f. *Metaphysik:* Der Ausdruck der ›Metaphysik‹ ist vieldeutig und schwer zu definieren. Häufig wird darunter diejenige philosophische Disziplin verstanden, die sich mit den allgemeinsten Eigenschaften und Strukturen der Wirklichkeit beschäftigt. Da diese Beschreibung so sicherlich auch auf nicht-philosophische Wissenschaften wie etwa die Physik zutrifft, könnte eine alternative Bestimmung der Metaphysik lauten, dass sie sich mit solchen Aussagen über die Welt beschäftigt, die notwendigerweise wahr sind. Dabei muss ›notwendigerweise‹ auf die im folgenden Sinne stärkste Weise verstanden werden: es ist nicht möglich, in keiner denkbaren alternativen Welt, dass es sich anders verhielte. Strawson verweist mit seiner Rede von der Metaphysik des Pessimisten auf dessen Behauptung, dass unsere Welt notwendigerweise nicht vollständig determiniert ist, also auf dessen Ablehnung der These des Determinismus.

89,14 f. *unvollständigen Empirismus … einäugigen Utilitarismus:* Ein Optimismus ist deshalb ein Empirismus, weil er lediglich von den Kausalfolgen der Straf- und Moralpraxis, also von sinnlich beobachtbaren Kausalzusammenhängen, spricht. Er ist unvollständig deshalb, weil er einen wesentlichen Aspekt unserer Moralpraxis nicht in den Blick nimmt. Der Utilitarismus stellt eine Variante der empiristischen Ethik des Konsequenzialismus dar. Seine Grundthese lautet, dass ausschließlich die Folgen unseres Tuns ausschlaggebend für den moralischen Wert unseres Tuns sind. Der Utilitarismus kümmert sich dann insbesondere um die Folgen, die einen Nutzen befördern. Dasjenige Handeln, das den größten Nutzen hervorbringt, ist dann moralisch geboten. Einäugig ist dieser Utilitarismus deshalb, weil er die Aspekte des Verdienstes in unserer Straf- und Moralpraxis nicht erfasst.

89,23 f. *Rechtfertigung der Induktion:* Die Problematisierung der Induktion als Begründungsmethode und damit die neuzeitliche Diskussion des Induktionsproblems geht auf David Hume (1711–1776) zurück. Hume wird der Strömung des Empirismus zugeordnet, die in der neuzeitlichen Philosophie häufig dem sogenannten Rationalismus gegenübergestellt wird. Dem Empirismus zufolge basiert unser Wissen vor allem auf sinnlich beobachteten Einzelfäl-

len, die induktiv auf eine allgemeine Erkenntnis schließt. Mit ›Induktion‹ ist eine Beweisführung gemeint, bei der aus endlich vielen Beobachtungen auf eine allgemeine Aussage geschlossen wird. So wäre folgendes ein induktiver Schluss: Bisher haben wir immer nur weiße Schwäne gesichtet. Daher sind alle Schwäne weiß. Hier deutet sich schon an, wie das Induktionsproblem zu verstehen ist. Wie kann man den induktiven Beweis als eine rationale Beweisführung rechtfertigen, wenn doch die Konklusion niemals durch die Prämissen gedeckt ist? Es kann ja immer sein, dass wir in Zukunft einmal einen schwarzen Schwan beobachten. Strawson hat sich mit der Induktion ausführlich im neunten und letzten Kapitel seiner *Introduction to Logical Theory* von 1952 beschäftigt.

91,28 *moralischen Gefühlen:* Der Ausdruck ›moral sentiments‹ verweist implizit auf die schottische Aufklärung des 18. Jahrhunderts, insbesondere auf Adam Smith (1723–1790) und seine *Theory of Moral Sentiments*, sowie Francis Hutcheson (1694–1764) und Shaftesbury (1671–1713).

93,10 *Selbstbewusstsein:* Strawson meint hier das Wissen des Menschen über sich selbst, etwa in Form historischen, soziologischen oder psychologischen Wissens.

97,22 *Metaphysik des Libertarianismus:* Hier muss betont werden, dass Strawson dem Libertarianismus ein ganz bestimmtes metaphysisches Verständnis unterstellt. Dieses muss aber mitnichten von jeder Variante eines Libertarianismus behauptet werden.

Literaturhinweise

Werke von Strawson

Introduction to Logical Theory. London 1952.
Individuals. An Essay in Descriptive Metaphysics. London 1959.
Logico-Linguistic Papers. London 1971.
Repliken zu Ayer 1980 und Bennett 1980 in: van Straaten 1980. S. 260–266.
Scepticism and Naturalism. Some Varieties. London / New York 1987.
Analysis and Metaphysics. An Introduction to Philosophy. Oxford 1992.

Weiterführende Literatur

Allais, Lucy: Freedom and Forgiveness. In: Shoemaker/Tognazzini 2014. S. 33–63.
Ayer, Alfred Jules: Freedom and Necessity. In Humphrey Slater (Hrsg.): Polemic. A Magazine of Philosophy, Psychology, and Aesthetics 5 (1946). Repr. in: A. J. A: Philosophical Essay. London/Basingstoke 1954. S. 271–284.
– Free-will and Rationality. In: van Straaten 1980. S. 1–13.
Bennett, Jonathan: Accountability. In: van Straaten 1980. S. 14–47.
Ciurria, Michelle: Moral Responsibility: Justifying Strawson and the Excuse of Peculiarly Unfortunate Formative Circumstances. In: Ethical Theory and Moral Practice 17 (2014) S. 545–557.
– The Mysterious Case of the Missing Perpetrators: How the Privileged Escape Blame and Accountability. In: Feminist Philosophy Quarterly 6.2 (2020) Nr. 1. S. 1–23.
Cowley, Christopher: Moral Responsibility. Durham 2014.
Darwall, Stephen: The Second-Person Standpoint. Morality and Accountability. Harvard 2006.
Downie, R. S.: Objective and Reactive Attitudes. in: Analysis 27 (1966) Nr. 2. S. 33–39.

Fischer, John M. / Ravizza, Mark: Responsibility and Control. A Theory of Moral Responsibility. Cambridge 1998.

Freud, Anna: Das Ich und die Abwehrmechanismen [1936]. Frankfurt a. M. 1984.

Habermas, Jürgen: Moralbewußtsein und kommunikatives Handeln. Frankfurt a. M. 1983.

Hartmann, Dirk: Willensfreiheit und die Autonomie der Kulturwissenschaften. In: Handlung, Kultur, Interpretation (2000) S. 66–103.

Hartmann, Dirk: Neues System der philosophischen Wissenschaften im Grundriss. Bd. VI. Metaphysik A: des Seins. Leiden i. V. [2025].

Hieronymi, Pamela: Freedom, Resentment and the Metaphysics of Morals. Princeton 2020.

Hegel, Georg Wilhelm Friedrich: Grundlinien der Philosophie des Rechts. Hrsg. von Klaus Grotsch. Hamburg 2017 (GL).

Hobart, R. E.: Free Will as Involving Determination and Inconceivable Without It. In: Mind 169 (1934) S. 1–27.

Kant, Immanuel: Grundlegung zur Metaphysik der Sitten. Mit einer Einl. hrsg. von Bernd Kraft und Dieter Schönecker. Hamburg 1999 (GMS).

Keil, Geert: Willensfreiheit. 3. vollst. überarb. und erw. Aufl. Berlin/Boston 2017.

Künne, Wolfgang: Peter F. Strawson: Deskriptive Metaphysik. In: Grundprobleme der großen Philosophen. Philosophie der Gegenwart III. Hrsg. von Josef Speck. Göttingen 1975. S. 168–207.

Mabbott, John David: Freewill and Punishment. In Contemporary British Philosophy 3rd ser. (1956) S. 289–309.

Manne, Kate: Down Girl. Die Logik der Misogynie. Berlin 2019.

McKenna, Micheal: Conversation and Responsibility. Oxford 2018.

– / Russell, Paul (Hrsg.): Free Will and Reactive Attitudes. Perspectives on P. F. Strawson's Freedom and Resentment. Routledge 2008..

McKiernan, Amy: Blaming from Inside the Birdcage: Strawsonian Accounts of Blame and Feminist Care Ethics. In: Feminist Philosophy Quarterly 8.1 (2022) Nr. 3. S. 1–23.

Menges, Leonhard: Moralische Vorwürfe. Berlin/Boston 2017.
Meyer, Thomas / Quante, Michael: Metaphysische und askriptivistische Aspekte der Verantwortlichkeit. In: Michael Kühler / Markus Rüther (Hrsg.): Handbuch Handlungstheorie. Grundlagen, Kontexte, Perspektiven. Stuttgart 2016. S. 219–227.
Nowell-Smith, Patrick Howard: Freewill and Moral Responsibility. In: Mind 57 (1948) S. 45–61.
– Determinists and Libertarians. In: Mind 63 (1954) S. 317–337.
Schlick, Moritz: Wann ist der Mensch verantwortlich? In: M. S.: Fragen der Ethik [1930]. Frankfurt a. M. 1984. S. 155–166.
Shoemaker, David / Tognazzini, Neal A. (Hrsg.): Oxford Studies in Agency and Responsibility 2. ›Freedom and Resentment‹ at 50. Oxford 2014.
Thaler, Richard H. / Sunstein, Cass R.: Nudge. Wie man kluge Entscheidungen anstößt. Econ [2]2022.
van Straaten, Zak (Hrsg.): Philosophical Subjects. Essays Presented to P. F. Strawson. Oxford 1980.
Wallace, R. Jay: Responsibility and the Moral Sentiments. Harvard 1998.
Walter, Sven (Hrsg.): Grundkurs Willensfreiheit. Paderborn 2018.

Nachwort

Strawsons Aufsatz »Freedom and Resentment« erschien erstmals 1962 in den *Proceedings of the British Academy*. Der Aufsatz, den Strawson als Vortrag konzipiert und damals als Gastwissenschaftler an der British Academy gehalten hatte, beschäftigt sich mit Fragen und Debatten der damaligen Philosophie. Für Strawson selbst ist der Aufsatz der erste und mit Ausnahme eines weiteren, später entstanden Textes der einzige Beitrag zur praktischen Philosophie in einem weiten Sinne. Ansonsten hatte Strawson drei Jahre zuvor (1959) *Individuals. An Essay in Descriptive Metaphysics* veröffentlicht. Darin unternimmt er ausschließlich systematisch den Versuch, Grundzüge unseres Bezuges auf die Welt zu analysieren.

Strawsons Aufsatz wird eingeordnet in Debatten darüber, ob es Willensfreiheit gibt, welche Bedingungen die Existenz von Willensfreiheit ermöglichen und insbesondere ob Willensfreiheit damit verträglich ist (oder nicht), dass die Welt, das heißt alles Geschehen in der Welt, durchgängig determiniert ist. Entsprechende Fragen nach der Freiheit unseres Willens und dessen Verträglichkeit oder Unverträglichkeit mit Weisen, auf die alles Geschehen in der Welt bereits bestimmt ist, lassen sich bis in die Antike zurückverfolgen.

Wie sieht nun diese Debatte 1962 aus, bzw. worauf reagiert Strawson in seinem Aufsatz genau? Auffällig ist, dass er im gesamten Text lediglich auf drei andere Aufsätze explizit eingeht (und diese lediglich in Fußnoten erwähnt, nämlich auf zwei Aufsätze des britischen Philosophen Patrick Nowell-Smith (1914–2006) und auf einen Aufsatz von

John David Mabbott (1898–1988), der Strawsons Tutor in Oxford während seiner Studienjahre gewesen war).

Es ist hilfreich, einige Unterscheidungen und Positionen einzuführen, um vor deren Hintergrund Strawsons Aufsatz besser verstehen zu können. Zunächst muss zwischen zwei Fragen unterschieden werden, ob nämlich eine durchgängig determinierte Welt mit unserer Willensfreiheit verträglich ist oder nicht, und ob die Welt durchgängig determiniert ist oder nicht. Je nachdem, wie man auf die Fragen antwortet, ergibt sich jeweils eine Position, wobei sich die Antworten auf die erste mit den Antworten auf die zweite Frage kombinieren lassen.

Aus den beiden Fragen ergeben sich zunächst vier Positionen:

1. Der Inkompatibilismus besteht in der These, dass eine durchgängig determinierte Welt nicht mit unserer Willensfreiheit verträglich ist.
2. Der Kompatibilismus hingegen behauptet im Gegenteil, dass Willensfreiheit und eine determinierte Welt miteinander verträglich sind.
3. Der Determinismus behauptet, dass die Welt durchgängig determiniert ist.
4. Der Indeterminismus behauptet, dass die Welt nicht durchgängig determiniert ist.

Wenn man nun die These verteidigen will, dass Willensfreiheit real ist, dann muss man als Inkompatibilist:in den Determinismus ablehnen. Und umgekehrt wird man in diesem Fall als Kompatibilist:in den Determinismus dann vertreten, wenn man nicht nur die Verträglichkeit behaup-

tet, sondern zudem fordert, dass unsere Willensfreiheit gerade von der Determiniertheit der Welt abhängt. Es ergeben sich also die folgenden vier Positionen:

	Determinismus	Indeterminismus
Kompatibilismus	Weicher Determinismus	Willensfreiheitsskeptizismus
Inkompatibilismus	Harter Determinismus	Libertarianismus

Um Strawson besser verstehen zu können, ist es wichtig, zum einen eine Variante des deterministischen Kompatibilismus und zum anderen den Libertarianismus, also einen indeterministischen Inkompatibilismus herauszuarbeiten. Die Variante des Kompatibilismus, die für Strawson relevant ist, wurde zu seiner Zeit von vielen vertreten und besagt, dass gerade unsere Moral- und Strafpraxis darauf aufbaut, dass Handeln kausal beeinflusst werden kann. Der Grund, weshalb wir loben, tadeln, bestrafen bzw. mit Strafe drohen, sei insbesondere darin zu sehen, dass diese Praktiken einen Einfluss auf das Handeln derjenigen haben, die gelobt, getadelt, bestraft bzw. mit Strafe bedroht werden.

Der von Strawson an zwei Stellen erwähnte Nowell-Smith vertritt eine solche Position, wie bereits 1930 der Philosoph des *Wiener Kreises* Moritz Schlick (1882–1936).[1] Diese Variante des Kompatibilismus argumentiert dafür, dass der Determinismus vorausgesetzt werden muss, damit unsere Moral- und Strafpraxis Sinn ergeben kann, da deren konsequentialistische, das heißt, auf das Bewirken

1 Schlick 1930; Nowell-Smith 1948.

von Handlungen sich beziehende Deutung Kausalmechanismen voraussetzt. Denn auf welche andere Art und Weise könnten wir das Handeln erfolgreich auf erwünschte Weise beeinflussen?

Der Libertarianismus vertritt demgegenüber die These, dass eine durchgängig determinierte Welt Willensfreiheit unmöglich machen würde. Da ein Libertarianer aber an der Wirklichkeit der Willensfreiheit festhält, lehnt er die These ab, dass die Welt durchgängig determiniert ist. Das wirft wiederum die Frage auf, wie denn aber unser Handeln bestimmt wird, wenn dies nicht kausal im herkömmlichen Sinne geschieht. Dass unser Handeln bestimmt sein muss und nicht willkürlich oder zufällig ablaufen darf, liegt daran, dass wir ansonsten weder unser Handeln erklären noch rechtfertigen könnten. Unsere Praxis der Zuschreibung oder Ablehnung von Verantwortung und damit einhergehende Praktiken wie das Loben, Tadeln und Bestrafen würden andernfalls in der Luft hängen. Diese Debattenlage stellt den Hintergrund von Strawsons Beitrag dar.

Wollte man jedoch Strawsons Aufsatz lediglich als einen Beitrag zur Debatte um die Willensfreiheit lesen, würde man dessen Eigenheit verkennen – und würde wohl auch schwerer verständlich machen können, weshalb der Aufsatz eine solche Wirkung hat entfalten können. Zur Besonderheit des Aufsatzes gehört, dass es Teil der Strategie Strawsons ist, die klassische Debatte um Willensfreiheit mit dem Thema reaktiver Einstellungen auf ein unbekannteres Feld zu verlagern. Und genau in dieser Verlagerung besteht sein Beitrag. Und nicht zuletzt scheint auch dies der Grund dafür zu sein, dass der Aufsatz ebenfalls enormen Einfluss auf Debatten um moralische Verantwortung

hat(te), die teils losgelöst von Fragen der klassischen Willensfreiheitsthematik ablaufen.

Gliederung des Textes

Der Aufsatz besteht aus sechs Hauptabschnitten, die Strawson jeweils mit Nummern versehen hat. Die Abschnitte sind verschieden lang. Im Folgenden werde ich jedem Abschnitt eine eigene Überschrift geben und zudem eine Binnendifferenzierung entsprechend der Absätze vornehmen, die ebenfalls inhaltlich mit Überschriften versehen sind, damit man sich leichter einen Überblick über den Text verschaffen kann.

1. **Verantwortung und Willensfreiheit: Einführung in das Thema**
   - 1.1. Die These des Determinismus, Optimisten und Pessimisten
   - 1.2. Die Möglichkeit einer Versöhnung – Strawsons allgemeine Strategie: formale Zurücknahme und wesentliches Eingeständnis
2. **Die dialektische Situation zwischen optimistischem und pessimistischem Ansatz**
   - 2.1. Die Wirksamkeit sozialer Praktiken und das dafür investierte Verständnis von Freiheit
   - 2.2. Optimistische Replik auf die pessimistische Forderung eines positiven Freiheitsbegriffs
   - 2.3. Reaktion des Pessimisten: Die Wirksamkeit der Praktiken hilft nicht dabei, das geforderte Beweisziel zu erreichen

2.4. Pattsituation: Der Pessimist fordert Freiheit, die mit einem Determinismus unverträglich ist

3. Verlagerung der Debatte auf reaktive Einstellungen

3.1. Vorschlag, die Debatte bezogen auf nicht-distanzierte Einstellungen und Reaktionen zu führen (weniger vorbelastet): Dankbarkeit, Groll, Vergebung, Liebe, Kränkung

3.2. Erste Annäherung an eine Erfassung des Phänomens (methodisch)

3.3. Wie viel tragen jeweils für sich allein gesehen die Einstellung und die Absicht bei?

3.4. Das Verzeihen

3.5. Einführung des Ausdrucks ›reaktive Einstellung‹

3.6. Methodologische Anmerkung: Vergegenwärtigung alltäglicher Phänomene (gegen einen kühl-analytischen Stil)

4. Die reaktive Einstellung des Grolls und Strategien, diesen zurückzuweisen: die objektive Einstellung und der Determinismus

4.1. Drei Fragen:

1) Was sind Ursachen reaktiver Einstellungen?

2) Welche Variationen reaktiver Einstellungen gibt es? Und wie angemessen sind sie?

3) Wie ist es, reaktive Einstellungen nicht zu erfahren?

4.2. Beginn der Untersuchung zum Thema Groll: Zwei voneinander grundlegend verschiedene Verteidigungsstrategien werden genannt, Groll zurückzuweisen;

Strategie 1: Reaktive Einstellungen bezogen auf eine einzelne Verletzung sind unangemessen; Gegenüber wird weiterhin als Akteur:in betrachtet

Strategie 2 mit zwei Untergruppen:

Strategie 2.1: Nicht-normale Umstände; in Extremsituationen wird der Akteur nicht als Akteur verstanden; zeitweises Aussetzen reaktiver Einstellungen.

4.3. *Strategie 2.2* (wichtig): der nicht-normale Akteur; das Gegenüber wird nicht mehr als Akteur aufgrund einer nicht-normalen Konstitution betrachtet; die objektive Einstellung

4.4. Die objektive Einstellung

1. schließt andere aus der Moralgemeinschaft (teilweise) aus und
2. dient als Hilfsmittel, um Normale zu verstehen.

4.5. Die Frage nach dem Determinismus wird erneut gestellt: Welchen Einfluss hätte die Wahrheit des Determinismus auf die Moralpraxis reaktiver Einstellungen? Würde die Wahrheit des Determinismus zur Abschaffung aller reaktiven Einstellungen führen?

4.6. Welche Bedeutung von ›determiniert‹ und ›Determinismus‹ benötigt man für die Beantwortung dieser Fragen und was ergibt sich daraus?; Irrelevanz von *Strategie 1* für die Beantwortung der Frage; reaktive Einstellungen werden nicht aufgrund von Determinismus im fraglichen Sinne ausgesetzt.

4.7. Nicht-Normalität kann nicht universell gelten. Daher ist auch *Strategie 2.2* irrelevant.

4.8. Die eigentliche Frage lautet: Können oder sollen wir einander immer als normale Akteure in der objektiven Einstellung, die uns als Ressource zur Verfügung steht, begegnen?

4.9. Es ist zwar nicht selbstwidersprüchlich, immer die objektive Einstellung einzunehmen, aber praktisch unvorstellbar (*erste* Teilantwort).

4.10. Wir nehmen in keinem Fall, also weder in Bezug auf nicht-normale, noch in Bezug auf normale Akteure, die objektive Einstellung aufgrund der Überzeugung der Wahrheit des Determinismus ein (*zweite* Teilantwort).

4.11. Replik: Die eigentliche Frage lautet demnach: Was *sollten* wir *rationalerweise* tun, wenn der Determinismus wahr wäre? Rückverweis auf vorherige Antwort.

5. **Zweiter Argumentationsdurchlauf mit *moralischen* und *selbstbezüglichen* reaktiven Einstellungen**

5.1. Vorstellung des Plans des fünften Abschnitts: Einführung anderer reaktiver Einstellungen, die nicht aus Perspektive Verletzter eingenommen werden

5.2. *Moralische* reaktive Einstellungen: Reaktionen auf die Qualität des Willens anderen gegenüber

5.3. Erwartungen und Forderungen anderen gegenüber (diese zeigen sich in den reaktiven Einstellungen als auch in den moralischen reaktiven Einstellungen, dort generalisiert), guten Willen oder Beachtung zu zeigen oder wenigstens keinen bösen Willen oder Gleichgültigkeit; Einführung *selbstbezüglicher* reaktiver Einstellungen und damit Vervollständigung des Bildes [Verpflichtung, Gewissensbisse, Reue, Schuld, Verantwortung, Scham]

5.4. Die drei Typen reaktiver Einstellungen, ihre (menschliche) Verbindung zueinander und die Unmöglichkeit, dass diese voneinander getrennt vorkommen

5.5. Bedingungen, die moralische reaktive Einstellungen außer Kraft setzen

5.6. Wie *Strategie 2.2* in Abschnitt 4: Jemand wird aufgrund von Nicht-Normalität nicht als Akteur:in verstanden. Neue Emphase: Wir stellen an ein solches Gegenüber nicht die üblichen Forderungen.

5.7. Die Motive im Falle von Normalität, die moralischen reaktiven Einstellungen auszusetzen, sind weniger und schwächer: Motive des Involviertseins fallen weg, und die Spannung zwischen moralischen reaktiven Einstellungen und objektiven Einstellungen ist geringer.

5.8. Die Relevanz der These des Determinismus für die moralischen reaktiven Einstellungen:

1) In keinem Fall spielt die These eine Rolle für die Aussetzung von moralischen reaktiven Einstellungen,

2) Eine Welt ohne moralische reaktive Einstellungen wäre noch schwerer vorstellbar,

3) Die Frage nach der Rationalität der Entscheidung verkennt die Antwort 2) und damit unsere menschliche soziale Natur.

5.9. Methodische Reflektion auf die Grobheit der gemachten Unterscheidungen; Abschwächung derselben durch Besprechung zweier Fälle. Fall 1: Großziehen von Kindern, Fall 2: Psychotherapie.

6. Wahres und Falsches in der Einstellung des Optimisten und Pessimisten: für einen richtig verstandenen optimistischen Ansatz

6.1. Wiederaufnahme der Debatte über den optimistischen und den pessimistischen Ansatz: formale Zurücknahme und wesentliches Eingeständnis

6.2. Die anti-utilitaristische Intuition des Pessimisten, die bloße Sozial-Technokratie, die die Menschlichkeit von Tätern verletze

6.3. Der begriffliche und der emotionale Schock des Pessimisten:

1) Begrifflich: Begriffe wie Gestaltung von Politik, Kontrolle, Behandlung und durchgehende objektive Einstellung lassen wesentliche Begriffsmerkmale von »*Moralische* Verantwortung« aus.

2) Emotional: die Position des Optimisten führt letztlich dazu, dass allen Tätern und daraus folgend allen Menschen gegenüber eine objektive Einstellung eingenommen werden müsste.

6.4. Beschränkung auf alle Täter:innen und besondere Einstellungen diesen gegenüber: Vorwurf und Verurteilung bei bösem Willen und Respektlosigkeit und die damit zusammenhängende Forderung nach gutem Willen und Respekt setzen voraus, dass Täter:innen als Mitglieder der moralischen Gemeinschaft verstanden werden. Beispiel: Duldung der Zufügung von Leid bei Strafen sowohl auf Seiten Unbeteiligter als auch auf Seiten der Täter:innen, die Strafe erleiden.

6.5. Die Wahrheit des pessimistischen Ansatzes: Die Rede vom Nutzen lässt etwas Wesentliches unserer Moralität außer Acht, das wiedergewonnen werden kann, wenn man sich genauer anschaut, was wir mit der Moralsprache eigentlich meinen. Dies erlangt man durch Analyse der reaktiven Einstellungen. Der Fehler des Pessimisten, seine angenommene Metaphysik, um die bestehende Lücke des optimistischen Ansatzes zu füllen.

6.6. Die Überintellektualisierungen des Optimisten und des Pessimisten; beide übersehen den Internalismus

der Normativität menschlicher Gemeinschaften; 1) Optimist: unvollständiger Empirismus und einäugiger Utilitarismus; 2) Pessimist: kann nicht akzeptieren, dass die reaktiven Einstellungen selbst die Lücke füllen, und glaubt daher, zu schlechter Metaphysik greifen zu müssen.

6.7. Der Moralskeptiker begeht denselben Fehler schlechter Metaphysik; moralische Gefühle als Name für das Netz von Einstellungen, deren richtige Betrachtung die Lösung liefert.

6.8. Zunehmende empirische Erforschung der Einstellung in den Wissenschaften führt zu drei Problemen:

1) Methodisches *caveat*: Gefahr, aus Kontingentem, Zeit- und Ort-Variantem auf Notwendiges, Zeit- und Ort-Invariantes zu schließen;

2) (Sozial-)Psychologische Studien haben misstrauisch in Bezug auf reaktive Einstellungen gemacht (Selbsttäuschung, Schuldübertragung etc.);

3) Ansehen der theoretischen Studien darf Philosophie nicht blind für alle Aspekte des zu untersuchenden Gegenstandes machen. Methodik: Philosophie darf nicht distanziert (anders als die entsprechenden empirischen Disziplinen) untersuchen.

6.9. Ein veränderter optimistischer Ansatz ist die richtige (= Strawsons) Position; die Praktiken selbst sind Ausdruck unserer moralischen Einstellungen.

Rekonstruktion der Argumentation

In der folgenden Argumentationsrekonstruktion orientiere ich mich an der Gliederung des Aufsatzes in sechs Abschnitte.

1. *Verantwortung und Willensfreiheit: Einführung in das Thema*

Ausgangspunkt ist die Frage, inwieweit sich universeller Determinismus und Willensfreiheit miteinander vertragen. Obwohl Strawson die These des Determinismus (in der Folge ›TD‹) nicht explizit benennt (er gibt sogar vor, nicht zu wissen, was diese These eigentlich genau besagt), referiert er dennoch Positionen, die etwas über das Verhältnis der TD zu unserer Freiheit und den normativen, moralischen und rechtlichen Praktiken aussagen. Wie sich später noch im Rückblick ergeben wird, lässt sich bereits an dieser Stelle eine abstrakte minimale Bestimmung der TD festmachen:

> TD: Alles, was in unserer Welt geschieht, ist determiniert, dass es (so) geschieht.

Die von Strawson »Optimismus« genannte Position besagt, dass die Wahrheit der TD verträglich (kompatibel) damit ist, dass unsere rechtlichen und moralischen Praktiken sinnvoll sind, dass wir an diesen nichts ändern müssen und dass die zentralen normativen Begriffe dieser Praktiken wie etwa der Begriff der Verantwortung Anwendung finden.

Diese Position würde man heute eher als Kompatibilismus bezeichnen, da sie etwas darüber aussagt, *ob* Willensfreiheit und Determinismus miteinander, oder genauer, *dass* diese miteinander verträglich (kompatibel) sind. Strawson führt noch die stärkere These an, die die erste einschließt, aber zudem annimmt, dass die genannten Praktiken auch nur dann überhaupt sinnvoll sind, wenn die TD tatsächlich wahr ist.

Der pessimistische Ansatz vertritt die These der Unverträglichkeit. Eine entsprechende Position wird heute eher als Inkompatibilismus bezeichnet. Danach würden unsere normativen Praktiken nicht sinnvoll sein und unsere normativen Begriffe keine Anwendung finden, wäre die TD wahr. Entsprechend dem Ansatz des Pessimisten stellt es also eine notwendige Bedingung der Sinnhaftigkeit unserer normativen Praktiken dar, dass die TD falsch ist, dass nicht alles, was geschieht, determiniert ist, (so) zu geschehen. Nennen wir die These, dass unsere normativen Praktiken sinnvoll sind und die zentralen normativen Begriffe Anwendung finden, Aussage *p*. Dann lassen sich die drei Positionen wie folgt formulieren:

> KOMPATIBILISMUS$_{\text{schwach}}$: Es ist möglich, dass sowohl TD, als auch *p*.
> KOMPATIBILISMUS$_{\text{stark}}$: Wenn es der Fall ist, dass *p*, dann ist es wahr, dass TD.

Aus dem KOMPATIBILISMUS$_{\text{stark}}$ folgt über einige Zwischenschritte der KOMPATIBILISMUS$_{\text{schwach}}$ und also auch, dass es möglich ist, dass sowohl TD, als auch *p*. [optimistischer Ansatz]

INKOMPATIBILISMUS: Wenn es der Fall ist, dass *p*, dann ist es falsch, dass TD. Im Umkehrschluss bedeutet dies wiederum, dass aus der Wahrheit der TD folgt, dass nicht-*p*.

Aus dem INKOMPATIBILISMUS folgt per Umformungen die direkte Negation bereits des $\text{KOMPATIBILISMUS}_{\text{schwach}}$. [pessimistischer Ansatz]

Obwohl sich Strawson einem Agnostizismus in Bezug auf diese Thesen zuordnet, verfolgt er in seinem Aufsatz das Ziel, beide Positionen miteinander zu versöhnen, da er der Meinung ist, dass beide wahre Einsichten enthalten. Er folgt dabei wohl der (hermeneutischen) Maxime, solche Positionen, die sich stabil über die Zeit hinweg gegen Einwände verteidigen lassen, als solche anzusehen, die zumindest nicht in jeder Hinsicht falsch sind.

Doch lassen sich derartig einander entgegengesetzte Positionen überhaupt miteinander versöhnen? Wie gerade gezeigt, folgt ja aus dem Inkompatibilismus die Negation des Kompatibilismus. Strawson wird grundsätzlich die Strategie verfolgen, zunächst den Inhalt von *p* genauer zu untersuchen. Das wiederum wird aufzeigen, dass der Optimist diesen Inhalt nur unzureichend erfasst. Der Pessimist erfasst diesen Inhalt zwar zureichend, zieht aber eine zu starke Konsequenz. Um seine Strategie etwas genauer zu erläutern, charakterisiert Strawson die Position des Optimisten so, dass dieser zwei Behauptungen über relevante Tatsachen enthält (man müsste dabei ergänzen: Tatsachen unserer normativen Praktiken; unter normativen Praktiken soll unsere alltägliche Praxis des Vorwerfens, Rechtferti-

gens, Entschuldigens, Lobens, Dankens, aber auch des Strafens verstanden werden):

1. Die Tatsachen über unsere normativen Praktiken widersprechen TD nicht.
2. Die Tatsachen, insbesondere TD, liefern eine gute Erklärung für unsere normativen Praktiken.

Selbst dann, wenn diese zwei Aussagen wahr sind, wäre es möglich, dass der Optimist eine unangemessene Interpretation der relevanten Tatsachen liefert. Es wäre möglich, dass er etwa die normativen Praktiken falsch oder nicht angemessen versteht.

Umgekehrt, so Strawsons Vermutung, erfasst der Pessimist die Tatsachen angemessen, nimmt aber seinerseits fälschlich an, dass diese nur erklärt werden können, wenn gezeigt wird, dass TD falsch ist.

Wie sich in Abschnitt sechs ergeben wird, ist genau dies das Beweisziel. Allerdings legt Strawson einen langen Weg zurück, indem er wesentliche Phänomene unserer Moralpraxis untersucht, um am Ende an diesen Punkt zu gelangen.

2. *Die dialektische Situation zwischen optimistischem und pessimistischem Ansatz*

Strawson führt zur Vorbereitung etwas näher in die Debatte zwischen dem optimistischen und dem pessimistischen Ansatz ein. Der Optimist nimmt Bezug auf die Wirksamkeit unserer normativen Praktiken. Wenn wir etwa Men-

schen dafür bestrafen, dass sie Bestimmtes getan haben, oder aber, wenn wir anderen Vorwürfe machen und sie für ihr Handeln kritisieren, dann setzt dies voraus, dass Bestrafung und Vorwürfe bestimmte Wirkungen haben. Wir bezwecken etwa, dass Menschen, die bestraft wurden, nicht nochmals Straftaten begehen, oder Menschen, denen wir einen moralischen Vorwurf machen, sich in Zukunft den Regeln entsprechend verhalten.

Das setzt aber wiederum voraus, dass unser Verhalten bestimmten Gesetzmäßigkeiten folgt und durch diese festgelegt bzw. determiniert wird. Auf diese Weise stehen die Tatsachen nicht im Widerspruch zu TD und setzen möglicherweise sogar deren Wahrheit voraus. Die Reaktion des Pessimisten verweist auf eine ganze Reihe von Implikationen, die zeigen sollen, dass die Sinnhaftigkeit dieser unserer normativen Praktiken durch die Wahrheit der TD durchaus gefährdet wird:

(A1) Eine Strafe ist nur dann gerecht und eine Verurteilung nur dann moralisch, wenn die Person, die bestraft oder verurteilt wird, moralisch Schuld für das trägt, für das sie bestraft oder verurteilt wird.

(A2) Die Person, die bestraft oder verurteilt wird, trägt nur dann moralisch Schuld für das, für das sie bestraft oder verurteilt wird, wenn sie dafür moralisch verantwortlich ist.

(A3) Eine Person ist nur dann für etwas moralisch verantwortlich, wenn sie frei gehandelt hat.

(A4) Eine Person hat nur dann frei gehandelt, wenn ihr Handeln nicht determiniert war und also TD falsch ist.

Daraus würde dann im Umkehrschluss (durch *modus tollens*, also durch eine Schlussfigur, die formallogisch gültig ist: Aus »Wenn P, dann Q« und »nicht Q« folgt »nicht P«) folgen, dass keine Strafe gerecht und keine Verurteilung moralisch sein kann, wenn TD wahr ist. Die Erwiderung im Sinne des Optimisten und der weitere Streit dreht sich dann um die Aussage (A4) oder genauer: um die Frage, welche Bedeutung von ›Freiheit‹ in (A3) und (A4) unterstellt werden muss, und ob damit zusammenhängend Freiheit in dieser Bedeutung mit der TD verträglich ist oder nicht. Die Replik im Sinne des Optimisten akzeptiert also (A3), liefert aber eine solche Deutung von Freiheit, die mit TD verträglich ist. Freiheit wird verstanden als ein Zustand, den man zu Recht unterstellen kann, wenn bestimmte (Freiheit ausschließende) Bedingungen nicht gegeben sind.

- Zwang durch andere,
- von Geburt an nicht zu etwas in der Lage sein,
- Wahnsinn,
- weniger extreme Formen psychischer Erkrankung,
- Bestehen von Umständen, unter denen es moralisch unzulässig wäre, irgendeine Wahl zu treffen, oder es mehr wäre, als man von irgendjemandem erwarten könnte,
- bestimmte Formen des Unwissens, ein Fehler oder ein Unfall.

Diese Bedingungen werden so verstanden, dass dann, wenn wenigstens eine von diesen Bedingungen vorliegt, es unangemessen wäre, moralische Verantwortung zuzuschreiben. Die Begründung, dass dies unangemessen wäre, soll darin bestehen, dass die Funktion der normativen

Praktiken, Verhalten zu steuern, nicht erfüllt werden kann, wenn eine dieser Bedingungen nicht vorliegt.

Dieses Verständnis von Freiheit wiederum werde allerdings vom Pessimisten ebenso wie die These der Verträglichkeit dieser (negativen) Freiheit mit TD eingeräumt. Man benötige allerdings einen Begriff von positiver Freiheit, der dann mit TD inkompatibel ist. Dieses positive Verständnis wird ausgedrückt als »Identifikation des Willens mit der Tat«. Doch was soll es genau bedeuten, dass es eine solche Identifikation des Willens mit der Tat gibt?

Der Optimist verweist in diesem Zusammenhang auf Phänomene unseres Handelns, deren Realität nicht zu bestreiten ist und die am besten das ausdrücken, was der Pessimist mit »Identifikation des Willens mit der Tat« bezeichnet. Außerdem seien eben diese Merkmale aber mit der TD verträglich:

- Menschen entscheiden sich oft dazu, bestimmte Dinge zu tun.
- Menschen beabsichtigen wirklich das zu tun, was sie tun.
- Menschen wissen genau, was sie tun, während sie es tun.
- Die Gründe, die Menschen für ihre Taten zu haben meinen, sind oft wirklich ihre Gründe und nicht bloße Rationalisierungen.

Die Wahrheit der TD zeige nicht, so die Argumentation aus der Perspektive des Optimisten, dass diese Phänomene bloßer Schein sind.

Die Replik aus Sicht des Pessimisten will auf eine Lücke

in der Beschreibung des Optimisten aufmerksam machen. Diese Lücke zeigt sich dann, wenn die Frage gestellt wird, weshalb ein solches Verständnis von Freiheit die Praktiken des Strafens und Vorwerfens erklärt.

Aus Sicht des Optimisten liegt die Erklärung allein in der Wirksamkeit dieser Praktiken. Weil wir durch Bestrafung und Vorwurf das Verhalten anderer auf für uns wünschbare Weise beeinflussen können, sind diese Praktiken vernünftig und gerechtfertigt. Aus Sicht des Pessimisten sei dies aber nicht nur keine hinreichende Erklärung, es sei nicht einmal eine Erklärung der richtigen Art. Wir benötigen eine normative Erklärung, die aufzeigt, weshalb wir dazu berechtigt sind, jemanden zu bestrafen und jemandem etwas vorzuwerfen. Man muss zeigen, weshalb Strafe und Vorwurf gerecht sind. Die konsequentialistische Begründung, dass diese Praktiken erwünschte Folgen nach sich ziehen, zeigt jedoch nicht, weshalb es *gerecht* ist, zu bestrafen.

Die Situation ähnelt einem Patt. Beide Positionen werden auf ihren Annahmen beharren. Aus Sicht der Optimistin wäre zunächst auch gar nichts weiter zu sagen. Aus Sicht der Pessimistin wird lediglich die semi-formale These wiederholt, dass man Freiheit in einer Bedeutung braucht, die die Falschheit von der TD voraussetzt. Hier lässt sich vermuten, dass Strawson unter substantiellem Eingeständnis eine Erweiterung der optimistischen Position um die vom Pessimisten aufgemachte Lücke versteht, wohingegen sich die formale Zurücknahme auf die Position der Pessimistin bezieht, die semi-formale These aufzugeben, dass Freiheit die Falschheit der TD voraussetzt.

Wie will nun Strawson aber sein Ziel einer Versöhnung beider Positionen zugunsten eines richtig verstandenen

optimistischen Ansatzes (wie sich aus dem sechsten Abschnitt ergibt) erreichen?

Um dies zu erreichen, wechselt er in der Folge zu anderen Phänomenen. Möglicherweise lässt sich einer Versöhnung dadurch näherkommen, dass man nicht mehr die verschiedenen Verständnisse von Freiheit und auch nicht die verschiedenen Begriffe von moralischer Verantwortung diskutiert, sondern stattdessen beschreibt, wie unser alltäglicher Umgang miteinander aussieht. Wie handeln wir und reagieren wir auf die Handlungen anderer uns gegenüber?

3. *Verlagerung der Debatte auf reaktive Einstellungen*

Für den Wechsel des Bereichs der Phänomene führt Strawson distanzierte (moralische) Einstellungen wie etwa die Bestrafung oder die moralische (Miss-)Billigung an und grenzt sie von nicht-distanzierten Einstellungen wie etwa Groll ab. Letztere Einstellungen sind dadurch gekennzeichnet, dass man sie dann einnimmt, wenn man selbst direkt betroffen ist. Ein Kriterium, um zwischen distanzierten und nicht-distanzierten Einstellungen zu unterscheiden, stellt die Unmittelbarkeit dar, in der sich eine Einstellung ergibt, ein weiteres Kriterium die Betroffenheit. In unseren alltäglichen Nahbeziehungen, das heißt in Beziehungen zu Menschen, die uns nahestehen (wie etwa Familienmitglieder oder gute Freund:innen), stehen wir oft in unmittelbarem Verhältnis zueinander. Zudem ist die Wahrscheinlichkeit, in unmittelbaren Verhältnissen auch selbst betroffen zu sein, höher, als im Fall distanzierter Einstellungen.

Am Beispiel der Strafe lässt sich dies am deutlichsten zei-

gen: Diejenigen, die an dem Prozess von Beginn an bis hin zur eigentlichen Strafe beteiligt sind, sind selbst gar nicht betroffen. Betroffen ist etwa nur die Person, deren Eigentum gestohlen wurde, allerdings gerade nicht der die Bestrafung durchführende Akteur. Umgekehrt sind Richter:innen und Strafvollzugsbeamt:innen nicht die Betroffenen. An diesem Beispiel wird auch deutlich, dass die Einstellungen der Strafenden gerade nicht unmittelbar sind, denn die eigentliche Straftat mag schon eine geraume Zeit zurückliegen.

Für die nicht-distanzierten Einstellungen sind diejenigen Einstellungen und Absichten wichtig, die andere uns gegenüber haben. Unsere Reaktionen und Gefühle in Bezug auf andere hängen nun wiederum wesentlich von unseren Überzeugungen über deren Absichten und Einstellungen uns gegenüber ab.

Strawson grenzt sich nun seinerseits von vorschnellen Versuchen ab, diese Einstellungen auf ein Hauptmotiv zu reduzieren. Reduktionsvorschläge würden dann davon ausgehen, dass es allen Menschen letztlich um genau ein Ziel geht, so dass man ihre Reaktionen und damit auch ihre nicht-distanzierten Einstellungen gegenüber anderen durch Bezug auf dieses eine Ziel erklären könnte. Ein Beispiel einer einseitigen Reduktion bzw. von Strategien, die entsprechenden Einstellungen durch Vereinfachung handhabbar zu machen, stellt das Hauptziel der Selbstliebe oder Eitelkeit dar: Nur dann, wenn uns andere wertschätzen, empfinden wir Dankbarkeit, weil die Wertschätzung unserem Ziel dient. Immer dann, wenn uns andere indifferent oder sogar feindlich gegenübertreten, sind wir hingegen verletzt, da dies unserem Ziel entgegensteht.

Strawson lehnt solche Vereinseitigungen ab und hält sie

nur insofern für hilfreich, als sie den eigentlichen wichtigen Punkt zu verdeutlichen helfen: Die Einstellungen anderer uns gegenüber sind uns sehr wichtig, insbesondere ist uns wichtig, dass uns andere wohlwollend und nicht übelwollend gegenübertreten. Diese Wichtigkeit lasse sich anhand von Kontrastfällen verdeutlichen.

> Groll
> Fall A: Person S tritt Person T aus Versehen auf den Fuß. T verspürt Schmerz.
> Fall B: Person S tritt Person T mit der Absicht auf den Fuß, T Schmerz zuzufügen, den T dann auch wirklich verspürt.
>
> Dankbarkeit
> Fall C: S verhilft T unabsichtlich zu einem von T erwünschten Vorteil.
> Fall D: S verhilft T zu einem Vorteil in der Absicht, T Gutes zu tun.

So, wie T gegenüber S in Fall B Groll und in Fall D Dankbarkeit empfinden würde, so würden diese Einstellungen in den Fällen A und C nicht vorliegen. Hier zeige sich, so Strawson, dass gerade die Einstellungen und Absichten anderer uns gegenüber zentral dafür sind, wie wir auf deren Handeln reagieren. Es macht also durchaus einen Unterschied, aus welchem Grund eine Person etwas Bestimmtes getan hat, selbst dann, wenn etwa der Schaden der aus der Handlung entsteht, derselbe Schaden ist, wie der Schaden, der aus einem zufälligen Verhalten heraus entstand.

In einem kurzen Absatz beschreibt Strawson die Bitte um Verzeihung und anschließende Vergebung. Um Verzeihung zu bitten – im Deutschen verwenden wir hierfür häufig die Wendung »um Entschuldigung bitten« – bedeutet, so Strawson, dass man die Einsicht kommuniziert, dass man sich unangemessen verhalten bzw. dass das Handeln eine unangemessene Einstellung zum Ausdruck gebracht hat, und dass man demgegenüber versichert, dies in Zukunft nicht wieder zu tun. Umgekehrt bedeutet es, eine solche Entschuldigung zu akzeptieren, den eigenen Groll aufzugeben.

Diese Akzeptanz ist normativ zu verstehen. Natürlich kann es sein, dass man, nachdem man eine Entschuldigung angenommen hat, selbst immer noch Groll empfindet. Doch bedeutet es, eine Entschuldigung zu akzeptieren, dass man nicht mehr dazu berechtigt ist, weiterhin Vorwürfe zu machen. Im obigen Fall A etwa könnte T S einen Vorwurf machen. Nachdem T dann von S erfahren hat, dass S nicht absichtlich auf Ts Fuß getreten ist, könnte T dies als Entschuldigung akzeptieren. Das bedeutet aber, dass T später S nicht wieder deswegen einen Vorwurf machen darf, T auf den Fuß getreten zu sein, selbst wenn ein Gefühl des Grolls noch vorhanden sein mag.

In der Folge schlägt Strawson vor, die vielen verschiedenen sozialen Beziehungen, in denen wir uns befinden, genauer in den Blick zu nehmen: Wir sind Kolleg:innen, Familienmitglieder, Lehrer:innen, haben jedoch auch alltäglich kurzzeitig miteinander zu tun, wie etwa beim Kauf eines Bustickets.

Welche Rolle spielen für uns die Einstellungen und Absichten derjenigen, zu denen wir in diesen Beziehungen

stehen? Allgemein, so meint Strawson, erwarten wir vom Gegenüber einen gewissen Grad an gutem Willen und Beachtung. Dies zeigt sich insbesondere dann, wenn unsere Vorerwartung enttäuscht wird. In diesem Fall zeigen wir das, was Strawson im Folgenden ›reaktive Einstellungen‹ nennt. Ein zentrales Gegensatzpaar solcher Einstellungen zeigt sich in den oben benannten Einstellungen des Grolls als *negativer* und der Dankbarkeit als *positiver* reaktiver Einstellung. Die vielen verschiedenen reaktiven Einstellungen, die wir einander gegenüber einnehmen können, und die allgemein entweder darauf reagieren, dass in gutem Willen gehandelt wird und wir beachtet werden, oder aber eben darauf, dass dies missachtet wurde, stellen ein Kontinuum dar.

Strawson beendet den dritten Abschnitt mit einer methodologischen Bemerkung: Er weist mit Bezug auf den damaligen sprachanalytischen Philosophiestil darauf hin, dass man sich auf die sozialen Interaktionen und Beziehungen konzentrieren sollte, an denen man tagtäglich beteiligt ist. Diese Bemerkung stellt ein Plädoyer für eine Moralphänomenologie dar, also für den Versuch, unsere alltäglichen Erfahrungen in moralischen Beziehungen möglichst theoriefrei und möglichst reichhaltig zu beschreiben. Der gesamte Aufsatz ist durchsetzt von solchen kleinen Bemerkungen Strawsons wie diesem Plädoyer für eine Moralphänomenologie, die seinen Zugang zum Thema methodologisch reflektieren. Darin besteht eine Besonderheit dieses philosophischen Klassikers.

4. *Die reaktive Einstellung des Grolls und Strategien, diesen zurückzuweisen: die objektive Einstellung und der Determinismus*

Der vierte Abschnitt ist für den Aufsatz zentral, umfasst er doch den Hauptteil von Strawsons Argumentation. Zu Beginn werden drei Fragen voneinander unterschieden (wichtig sind die zweite und noch stärker die dritte Frage):

Frage 1: Was sind die Ursachen der reaktiven Einstellungen?
Frage 2: Welche Variationen gibt es? Und worin besteht die Angemessenheit bestimmter reaktiver Einstellungen?
Frage 3: Wie ist es, reaktive Einstellungen nicht zu erleiden?

Da sich Strawson vor allem mit der Frage beschäftigen will, wie es wäre bzw. wie es ist, die reaktiven Einstellungen nicht zu erfahren, geht er nun zunächst am Beispiel des Grolls darauf ein, wann diese besondere negative reaktive Einstellung nicht eingenommen wird bzw. wann versucht wird, diese Einstellung zurückzunehmen.

Kehren wir zum obigen Beispiel zurück: S tritt T auf den Fuß, und das bereitet T Schmerzen. T empfindet Groll und reagiert gegenüber S mit einem Vorwurf. Strawson interessiert sich nun für die Frage: Unter welchen Umständen wäre der Groll als Reaktion unangemessen?

Nennen wir die Umstände, die die ansonsten angemessene Reaktion des Grolls unangemessen machen, *Anfech-*

tungsgründe. Das wären solche Gründe, die einen im Groll enthaltenen Vorwurf als unrechtmäßig zurückweisen, ihn anfechten. Da man Anfechtungsgründe so verstehen kann, dass in dem Fall, in dem sie vorliegen, Groll als Reaktion unangemessen wäre, verfolgt Strawson im Folgenden die Frage, welche Arten von Anfechtungsgründen es bezüglich des Grolls geben kann. Er schlägt vor, zwei Typen von Anfechtungsgründen voneinander zu unterscheiden, die sich dabei *wesentlich* voneinander unterscheiden sollen. Die erste Gruppe versucht er zu umreißen, indem er konkrete Äußerungen anführt, die wir typischerweise verwenden, um Groll zu mindern oder ganz zu beseitigen. Dazu gehören für ihn Aussagen wie etwa:

›Die Person hat es nicht so gemeint.‹
›Die Person hatte nicht realisiert, dass *p*.‹
›Die Person wusste nicht, dass *p*.‹
›Die Person konnte nichts dafür‹, da sie
 – ›geschubst wurde.‹
 – ›es tun musste.‹
 – ›es die einzige Möglichkeit war.‹

Strawson ist sich durchaus dessen bewusst, dass dies nicht alles Beispiele für Anfechtungen derselben Art sind. Es macht nämlich einen Unterschied, ob ich jemandem deshalb auf den Fuß trete, weil ich geschubst wurde, oder aber, weil ich ihn nicht gesehen habe und daher nicht wusste, dass sein Fuß im Weg steht. Dennoch findet sich trotz der Unterschiede eine Gemeinsamkeit bei all diesen Anfechtungsgründen, die es erlaubt, sie in einer Gruppe zu bündeln. Das gemeinsame Merkmal besteht darin, dass diese

Anfechtungsgründe die Adressat:in grundsätzlich als moralische Akteur:in verstehen und lediglich davon ausgehen, dass sie in diesem konkreten Fall für die Verletzung ausnahmsweise nicht verantwortlich war.

Nehmen wir den obigen Fall A als Beispiel: Zwar hat S etwas getan, auf das grundsätzlich mit Groll reagiert werden darf. Allerdings geschah dies in diesem Fall aus Versehen. Die erste Gruppe von Anfechtungsgründen kann allgemein wie folgt charakterisiert werden:

Anfechtungsgründe 1: S ist *grundsätzlich* eine moralische Akteur:in und für die eigenen Taten und deren Folgen (moralisch) *verantwortlich*, allerdings ist S für die in Frage stehende *konkrete* Handlung bzw. deren Folgen *nicht verantwortlich.*

Strawson zufolge zeigen unsere alltäglichen reaktiven Einstellungen wie die des Grolls, dass wir voneinander Wohlwollen und Rücksicht erwarten und fordern. Groll empfinden wir dann, wenn dieser Forderung nicht entsprochen wird. Im Fall der ersten Gruppe wurde diese Forderung aber gerade erfüllt. Die Akteur:in konnte nur nichts für die entsprechende Handlung. Die erste Gruppe von Anfechtungsgründen schließt also die Akteur:in nicht aus dem Bereich möglicher Adressat:innen dieser Forderung aus, sondern bezieht sich auf die einzelne Handlung und deren spezielle Folgen.

In der Folge beginnt Strawson damit, die zweite Gruppe von Anfechtungsgründen zu benennen, die er nochmal in zwei Untergruppen aufteilt. Beispielsätze für Anfechtungen der ersten Untergruppe sind:

›Er war nicht er selbst.‹
›Sie ist in letzter Zeit sehr mitgenommen.‹
›Er handelte unter posthypnotischer Suggestion.‹

Beispiele für Anfechtungen der zweiten und wichtigeren Untergruppe sind:

›Die Person ist noch ein Kind.‹
›Die Person ist hoffnungslos schizophren.‹
›Ihre Psyche wurde systematisch verdreht.‹
›Das ist rein zwanghaftes Verhalten.‹

In diesen Fällen wird der Groll nicht deshalb angefochten, weil er bezogen auf eine bestimmte Handlung unangemessen wäre, sondern weil es unangemessen wäre, gegenüber der Akteur:in grundsätzlich reaktive Einstellungen einzunehmen. Das bedeutet, dass man in diesem Fall die Akteur:in aus dem Adressat:innenkreis der oben genannten Forderung ausschließt. Da im Folgenden lediglich die zweite Untergruppe der zweiten Gruppe relevant ist, nenne ich nur diese.

Anfechtungsgründe 2: S ist *grundsätzlich keine* moralische Akteur:in und daher für die eigenen Taten und deren Folgen *insgesamt nicht* (moralisch) *verantwortlich*. Deshalb ist S auch nicht für die in Frage stehende Handlung bzw. deren Folgen verantwortlich.

Anfechtungsgründe dieser zweiten Art führen dazu, dass man die Akteur:in grundsätzlich anders einordnet – und zwar außerhalb der interpersonalen Beziehungen. In diesem

Fall würden sich unsere reaktiven Einstellungen grundlegend verändern. Wir enthalten uns nicht einfach eines Vorwurfs im Einzelfall, sondern nehmen das Gegenüber grundsätzlich aus dem Bereich möglicher Adressat:innen von moralischen Vorwürfen welcher Art auch immer heraus.

Um dies weiter zu verdeutlichen, kontrastiert Strawson die reaktiven Einstellungen mit dem, was er ›objektive Einstellung‹ nennt. Wenn wir einen Menschen so verstehen, dass er aus dem Bereich moralischer Akteur:innen herausfällt, dann nehmen wir ihm gegenüber eine objektive Einstellung ein. Wir verstehen ihn dann als jemanden, dessen Verhalten bloßen natürlichen Mechanismen folgt und nicht Ausdruck eines eigenen Willens ist. Dessen Verhalten wird daher auch nicht als etwas verstanden, das kontrollierbar wäre. Allerdings verstehen wir das jeweilige Verhalten aufgrund seines objektiven, natürlich-mechanischen Charakters als etwas, das von außen kontrolliert werden kann.

Wenn man diese Einstellung jemandem gegenüber einnimmt, dann kann dies deshalb geschehen, um das Verhalten zu kontrollieren. Es ist möglich, die objektive Einstellung mit einer emotionalen Färbung einzunehmen. Dabei werden allerdings bestimmte Einstellungen eindeutig ausgeschlossen.

Will man eine objektive Einstellung einnehmen, gehört es dazu, dass man das Gegenüber aus der Moralgemeinschaft zumindest im Sinne einer aktiven Teilnehmer:in ausschließt. Natürlich verlieren Menschen dadurch nicht ihre Grundrechte, sind allerdings nicht mehr gleichberechtigt Teilnehmende an der Moral- und Rechtspraxis.

In eine solche objektive Einstellung fallen wir wie in reaktive Einstellungen, so Strawson, natürlicherweise. Eine

solche Einstellung ergibt sich häufig unmittelbar. Allerdings, so fährt er fort, sei es möglich, eine objektive Einstellung anderen gegenüber auch dann einzunehmen, wenn diese normal sind in dem Sinne, dass sie als Vollmitglieder der moralischen Gemeinschaft gelten. Wir bedienen uns dieser Ressource etwa, um Mitmenschen genauer kennenzulernen. Insbesondere dann, wenn es in der Gestaltung von Politik um die Steuerung des Verhaltens von Menschen geht, muss diesen eine objektive Einstellung gegenüber eingenommen werden, um herausfinden zu können, durch welche Mechanismen (wie etwa bestimmte Anreize) bestimmtes Verhalten kontrollierbar hervorgerufen oder auch vermieden werden kann. Hier zeigt sich der eigentliche Kern des optimistischen Ansatzes, wie ihn Strawson versteht. Auch wenn wir nicht immer und ausschließlich auf diese Ressource zurückgreifen können, so steht sie uns doch zur Verfügung. Als Beispiele könnte man heranziehen:

- eine höhere Besteuerung von Brennstoffen, um eine CO_2-intensive Mobilität zu drosseln,
- die Androhung von Strafe, um davon abzuhalten, eine Straftat zu begehen,
- Nudging (eine aus der Verhaltensökonomik stammende Technik der Verhaltensbeeinflussung: Der Ansatz basiert auf verhaltenspsychologischen Studien darüber, wie und aus welchen Gründen Menschen sich tatsächlich für etwas entscheiden. Anstatt auf idealen Annahmen der rationalen Entscheidungstheorie, baut der Ansatz auf Studien auf, die untersuchen, wie faktisch irrational entschieden wird. Auf diese Weise soll der Ansatz

in der Anwendung eine höhere Wirksamkeit nach sich ziehen. Bei diesem Beispiel zeigt sich in vorbildlicher Weise, wie man eine objektive Einstellung gegenüber normalen moralischen Akteur:innen einnehmen kann.)[2]

Wie sich in der Folge zeigen wird, liefert erst diese Beobachtung den Zugang zu einem grundlegenderen Problem und entsprechend auch zu Strawsons grundlegenderem Lösungsversuch.

Zunächst liefert Strawson jedoch eine weitere Charakterisierung dessen, was reaktive Einstellungen sind:

Insofern andere in Bezug auf uns handeln, zeigt sich in diesen Handlungen eine Haltung uns gegenüber, die sich als (i) Wohlwollen, (ii) Böswilligkeit oder (iii) Indifferenz verstehen lässt. Unsere reaktiven Einstellungen stellen wiederum Reaktionen auf diese Haltungen dar, die im Tun anderer Ausdruck finden. Wenn S in der Absicht T auf den Fuß tritt, um T zu schaden, dann zeigt sich in S' Handlung Böswilligkeit gegenüber T. Auf diese Böswilligkeit wird T natürlicherweise in Form eines Vorwurfs reagieren, der Ts Einstellung des Grolls gegenüber S zum Ausdruck bringt.

Im Folgenden nimmt Strawson die zu Beginn des Artikels begonnene Debatte wieder auf, die sich um das Verhältnis zwischen Determinismus und Willensfreiheit drehte. Wie er zuvor angekündigt hatte, diskutiert er die Frage nun aber nicht mehr unter Bezug auf Willensfreiheit und moralische Verantwortung, sondern in Bezug auf die reaktiven und objektiven Einstellungen. Ihm geht es jetzt darum, ob die Wahrheit der TD einen Einfluss auf unsere

2 Siehe hier die Arbeit von Thaler/Sunstein 2022.

Moralpraxis reaktiver Einstellungen haben würde und ob sie dies auch tun sollte. Ihm geht es darum, ob die Akzeptanz der Wahrheit der TD dafür sorgen würde oder sogar dafür sorgen sollte, dass wir es grundsätzlich aufgeben, reaktive Einstellungen einzunehmen.

Strawson diskutiert zu Beginn das Problem, ob man diese Frage überhaupt beantworten könne, solange man nicht wisse bzw. geklärt habe, was die TD genau besagt. In Bezug auf die TD hatte sich Strawson aber bereits zu Beginn des Aufsatzes als agnostisch bekannt. Damit wäre aber nun ein Fortschritt in der Ausgangsfrage ausgeschlossen. Allerdings, so meint er nun, könne man doch etwas über diese These aussagen, das gewiss sei und auch ausreiche, um die Frage zu beantworten. Es sei nämlich sicher, dass, was auch immer der Ausdruck ›ist determiniert‹ in der TD genau bedeutet, ein Teil der Bedeutung zur Folge haben muss, dass alles Handeln immer genau in diesem Sinne determiniert wäre. Denn die TD stellt letztlich eine universelle Behauptung dar. Und daraus folgt eben genau diese Teilbedeutung.

Es lohnt sich, hier kurz zu verweilen. Genaugenommen ergibt sich die Folgerung sowohl aus der Tatsache, dass die TD eine Allaussage ist, als auch aus der Tatsache, dass eine Aussage so lange nicht überprüfbar ist, solange die in ihr vorkommenden sprachlichen Ausdrücke nicht klar in ihrer Bedeutung bestimmt wurden. Das bedeutet einmal, dass die Bedeutung von ›ist determiniert‹ genau bestimmt werden muss. Weil es sich bei der TD aber um eine Allaussage handelt, muss auch in jedem Anwendungsfall in derselben Bedeutung von ›ist determiniert‹ die Rede sein.

Das bedeutet auch, dass Strawson in der Folge verschiedene Bedeutungen von ›ist determiniert‹ verallgemeinern

darf, um dann im Anschluss zu prüfen, ob eine solche Universalisierung auch plausibel ist. Auch stehen ihm bereits Kandidaten für die Ausdeutung von ›ist determiniert‹ zur Verfügung, da er bereits Bedingungen analysiert hatte, die es verhindern, dass reaktive Einstellungen eingenommen werden. Die diesen Ausführungen folgende Argumentation lässt sich in vier Schritte unterteilen:

Schritt 1
Die Vermutung, die den Ausgangspunkt der Debatte bildet, lautet: Wenn die TD wahr ist, dann würden oder müssten wir es immer unterlassen, reaktive Einstellungen einzunehmen. Dies entspricht der pessimistischen These auf dem Feld reaktiver Einstellungen, dass nämlich Letztere unter der Voraussetzung, dass die TD wahr ist, nicht möglich oder irrational wären.

Schritt 2
Schauen wir uns nochmal nacheinander die zuvor referierten Fälle an, in denen wir es unterlassen würden oder müssten, reaktive Einstellungen einzunehmen. Die Bedingungen dieser Fälle wären mögliche Kandidaten für ›ist determiniert‹.

Problem: Diese Bedingungen waren genau auf den Fall des Grolls zugeschnitten. Die hier zu beantwortende Frage bezieht sich aber auf die reaktiven Einstellungen im Allgemeinen.

Lösung: Wenn sich zeigen lässt, dass die Universalisierung nicht einmal auf den Bereich des Grolls zutrifft, dann dürfen wir *a fortiori* schließen, dass

sie erst recht nicht für alle reaktiven Einstellungen gilt (bei einem solchen Schluss handelt es sich um einen Jetzt-erst-Recht-Schluss vom Kleineren auf das Größere: *a minore ad maius*). Die Universalisierung besagt, dass es in allen Fällen gilt, reaktive Einstellungen auszusetzen. Wenn man jedoch zeigen kann, dass es Fälle des Grolls gibt, in denen dies nicht gilt, dann hat man ein Gegenbeispiel gegen die Universalisierungsthese gefunden und diese damit als Ganze widerlegt.

Schritt 3

Angenommen, ›ist determiniert‹ bedeutet ›erfüllt die Bedingungen der Anfechtungsgründe 1‹: Dann würde dies bedeuten, dass in jedem einzelnen Fall einer Handlung immer wenigstens einer der Anfechtungsgründe der Gruppe 1 vorliegen würde. Eine solche Universalisierung scheitert jedoch aufgrund der Tatsache, dass es Fälle gibt, in denen wir im Vollsinne gehandelt haben: Wir wussten, was wir tun, wir hatten dies auch beabsichtigt, wir wurden nicht geschubst oder gezwungen, etwas zu tun, wir hatten uns unter Kontrolle und waren in der Lage, zu tun, was wir getan haben. Solch einen Fall dürfte es aber nicht geben, zumindest nicht dann, wenn wir annehmen, diese Anfechtungsgründe universalisieren zu können.

Schritt 4

Angenommen, ›ist determiniert‹ bedeutet ›erfüllt die Bedingungen der Anfechtungsgründe 2‹: Gruppe 2 besteht aus Anfechtungsgründen, die das Gegenüber aus dem Be-

reich moralischer Akteurschaft ausschließen. Wenn dies verallgemeinert würde, dann würde das bedeuten, dass sich alle Menschen immer im Zustand des Nicht-Normalen befänden, so dass alle Menschen immer aus dem Bereich moralischer Akteurschaft ausgeschlossen werden müssten.

Strawson weist diesen Versuch einer Universalisierung knapp zurück: Die Behauptung, dass es der allgemeine Zustand sei, nicht-normal zu sein, kann nur aus einer in sich widersprüchlichen These folgen. Das bedeutet: Entweder ist die TD selbst-widersprüchlich oder es folgt nicht, dass es immer zutreffe, nicht-normal zu sein. Anders formuliert: Wenn die universelle Geltung, nicht-normal zu sein, aus der TD folgt, dann ist die TD selbst-widersprüchlich. Wieso soll dies aber für die Ausdeutung von ›ist determiniert‹ im Sinne der Anfechtungsgründe 2 folgen?

Die universelle Geltung, nicht-normal zu sein, bedeutet, dass alle Menschen immer nicht-normal seien, so dass alle Menschen immer aus dem Bereich moralischer Akteurschaft ausgeschlossen werden müssten. Denn daraus, dass ein Mensch nicht-normal ist, folgt, dass man ihn aus dem Bereich moralischer Akteurschaft ausschließen muss.

An dieser Stelle ergeben sich zwei Probleme:

Problem 1: Diese Aufforderung richtet sich als Aufforderung nur an Normale, an moralische Akteure. Entsprechend der Annahme gibt es diese aber nicht.

Problem 2: Der Bereich moralischer Akteurschaft existiert gar nicht, da es gar keine moralischen Akteure gibt. Damit widerspricht aber die Folgerung selbst einer ihrer Voraussetzungen.

Angenommen also, die TD versteht ›ist determiniert‹ im Sinne der Anfechtungsgründe der Gruppe 2. Wenn die TD wahr wäre, dann wären alle Menschen im Sinne der Anfechtungsgründe der Gruppe 2 nicht-normal. Dann gäbe es keinen einzigen normalen Menschen. In diesem Szenario könnte man aber gar nicht angeben, was die Fälle gerade nicht-normal macht, da es die Fälle des Normalen als Kontrastfälle nicht gäbe. Und selbst dann, wenn wir einfach unser jetziges Verständnis zugrunde legen würden, würde aus der Universalität folgen, dass es nicht einmal ernst genommen werden kann, die Wahrheit von der TD zu behaupten. Denn dies könnte seinerseits gerade Ausdruck eines verzerrten Realitätsbildes sein.

So verstanden wäre die These also deshalb selbst-widersprüchlich, weil sie inhaltlich gesehen ihrer eigenen Behauptbarkeit widerspräche. Sie könnte vielleicht geäußert werden, jedoch nicht als Behauptung, denn eine Behauptung setzt gerade voraus, dass die behauptende Person nicht nicht-normal ist. Somit lässt sich Strawsons Argument wie folgt bestimmen:

(P1) Die TD ist wahr (Annahme).

(P2) Wir müssen nur dann unsere reaktiven Einstellungen immer aussetzen, wenn in der TD ›ist determiniert‹ entweder ›kann nichts dafür‹ oder ›ist nicht-normal‹ bedeutet.

(P3) In der TD kann ›ist determiniert‹ weder ›kann nichts dafür‹ (Resultat aus Schritt 3) noch ›ist nicht-normal‹ (Resultat aus Schritt 4) bedeuten.

(K) Es ist nicht der Fall, dass wir unsere reaktiven Einstellungen immer aussetzen müssen, wenn die TD wahr ist.

Strawson bezeichnet seine Argumentation jedoch als vorschnell. Und damit verschärft er das Problem. Bisher hatte er die zwei Strategien der Anfechtung daraufhin untersucht, ob sie universalisiert werden könnten. Dies ist unmöglich, weil wir nicht für alle Akteur:innen annehmen können, dass sie nicht-normal sind oder dass wir alle immer unwissend handeln usw.

Allerdings hatte Strawson bereits darauf hingewiesen, dass wir die objektive Einstellung auch dann einnehmen können, wenn es sich bei dem Gegenüber um normale Akteur:innen handelt und wir damit die reaktiven Einstellungen aussetzen.

Damit lässt sich also die Frage nochmals neu stellen: Folgt aus der Wahrheit der TD, dass wir einander gegenüber immer die objektive Einstellung einnehmen würden oder sollten?

Auf jeden Fall wäre es nicht selbstwidersprüchlich, die Tatsache zu universalisieren, dass wir objektive Einstellungen einnehmen können, weil man sie im Gegensatz zur oben angeführten Universalisierung, nicht-normal zu sein, gerade auf alle normalen Fälle ausdehnen würde. Insofern wäre ein solcher Fall durchaus denkbar. Allerdings differenziert Strawson die Frage, indem er behauptet, ein solches Szenario sei *praktisch* undenkbar (bzw. er gibt seine Neigung kund, solches zu tun). Es sei für uns praktisch unvorstellbar, dass wir immer und ausschließlich nur noch die objektive Einstellung einander gegenüber einnehmen würden. Er entwickelt das folgende Argument:

Argument der praktischen Unvorstellbarkeit

(P1) Aus der TD folgt, dass wir immer und nur noch die objektive Einstellung einander gegenüber einnehmen (Annahme).

(P2) Wir sind durch unsere soziale Verfasstheit darauf festgelegt, dass wir an alltäglichen zwischenmenschlichen Beziehungen teilhaben.

(P3) Die TD ist eine »generelle theoretische Überzeugung«.

(P4) (P1) würde bedeuten, dass man es ernst nimmt, dass aus (P3) folgt, dass sich unsere Welt so ändert, dass es in ihr keine zwischenmenschlichen Beziehungen, wie wir sie verstehen, mehr gibt.

(P5) An zwischenmenschlichen Beziehungen, wie wir sie verstehen, teilzuhaben, schließt ein, dass wir uns im Bereich reaktiver Einstellungen bewegen.

(P6) (P2) prägt uns aber zu sehr, um den Gedanken aus (P1) ernst zu nehmen.

(K) Es ist praktisch undenkbar, vollständig und ausschließlich objektive Einstellungen einzunehmen.

Doch handelt es sich bei dieser Antwort nur um einen ersten Teil der Antwort auf die neu gestellte Frage, wie der folgende Absatz zeigt. Diese *erste* Teilantwort besagt zusammengefasst, dass Menschen nicht dazu in der Lage sind, es aufzugeben, in zwischenmenschliche Beziehungen einbezogen zu sein, und zwar auch dann nicht, wenn die TD wahr wäre. Wenn die Menschen dazu nicht in der Lage sind, dann würden sie die reaktiven Einstellungen auch nicht aufgeben, und es wäre auch sinnlos, zu fordern, dass sie diese aufgeben sollten.

Im Zusammenhang mit seiner *zweiten* Teilantwort geht

es Strawson um die Frage, aus welchem Grund wir im Fall, nicht-normal zu sein, und ab und zu in dem Fall, normal zu sein, eine objektive Einstellung einnehmen. Warum nehmen wir Menschen gegenüber, die wir als nicht-normal einstufen, eine objektive Einstellung ein? Wir nehmen eine solche ein, weil wir glauben, dass das Gegenüber *nicht dazu in der Lage ist*, an zwischenmenschlichen Beziehungen teilzuhaben. Warum haben wir wiederum diese Überzeugung? Weil vom Gegenüber in diesen Fällen gelten würde:

- Das Bild der Wirklichkeit, das das Gegenüber hat, ist reine Fantasie.
- Das Gegenüber lebt mental überhaupt nicht in der realen Welt.
- Das Verhalten des Gegenübers ist teils ein Handeln aus unbewussten Zwecken heraus.
- Das Gegenüber ist kognitiv eingeschränkt.
- Das Gegenüber ist im Verstehen moralischer Sachverhalte eingeschränkt.

Die strafrechtlich relevante Unterscheidung zwischen der Einsichts- und Kontrollfähigkeit aufgreifend, könnten die letzten beiden Punkte eben diese zwei Fähigkeiten meinen. Man muss die Fähigkeit besitzen, rational Überzeugungen über die Welt zu erlangen, man muss die Fähigkeit besitzen, an einen selbst gerichtete moralische Forderungen als solche zu verstehen, und man muss die Fähigkeit besitzen, aufgrund dieser Einsicht und Überzeugung, sein Handeln auch entsprechend auszurichten. Wenn irgendwo etwas schiefgeht oder man wenigstens eine dieser Fähigkeiten nicht besitzt, dann haben wir Grund zu der Annahme, dass

das Gegenüber zu zwischenmenschlichen Beziehungen (zumindest nicht im Vollsinne) nicht in der Lage ist.

Für Strawson nehmen wir Nicht-Normalen gegenüber nicht deshalb eine objektive Einstellung ein, weil ›ist determiniert‹ eine Bedeutung hat, so dass alles Verhalten Nicht-Normaler in diesem Sinne festgelegt wäre. Warum nehmen wir manchmal gegenüber als normal eingestuften Menschen eine objektive Einstellung ein?

- Wir wollen verstehen, wie das Gegenüber funktioniert.
- Wir sind neugierig.
- Wir wollen Abstand gewinnen zum Gegenüber.
- Wir wollen Politik gestalten (indem wir etwa Anreize setzen).
- Wir wollen uns selbst schützen.

Auch in diesen Fällen spielt es keine Rolle, ob wir der Meinung sind, dass alles Verhalten in gewissem Sinne determiniert ist, oder nicht. Zumindest könnte eine solche Überzeugung nie den Grund dafür liefern, dass wir eine objektive Einstellung einnehmen. Das müsste aber der Fall sein, da wir ansonsten nicht verstehen könnten, weshalb wir immer eine objektive Einstellung einnehmen sollten.

Die zweiteilige Antwort auf die Frage, ob wir unter der Voraussetzung, dass die TD wahr ist, immer eine objektive Einstellung einnehmen würden, lautet nun: Nein, weil wir

1. so sehr darauf festgelegt sind, an zwischenmenschlichen Beziehungen teilzuhaben, dass wir uns nicht einmal vorstellen können, wie es wäre, ausnahmslos eine objektive Einstellung einzunehmen, und weil wir

2. in jedem Einzelfall, in dem wir jemandem gegenüber eine objektive Einstellung einnehmen, dies nicht aus dem Grunde tun, weil wir an die Wahrheit einer universellen These des Determinismus glauben, sondern weil wir glauben, dass spezifische Gründe vorliegen.

Im letzten Absatz des vierten Abschnitts diskutiert Strawson eine mögliche Antwort auf diese Argumentation: Vielleicht antworten wir hier auf die Frage, was wir tun *würden*, jedoch nicht auf die eigentliche Frage, was wir rationalerweise tun *sollten*.

Die Antwort auf diese Replik hat zwei Teile: Der erste Teil weist auf die zuvor gegebene Antwort zurück und wiederholt die These, dass wir so fundamental auf alltägliche zwischenmenschliche Beziehungen festgelegt sind, dass wir rationalerweise dieses Involviertsein nicht aufgeben können.

An dieser Stelle führt Strawson quasi im Vorbeigehen eine für seine folgende Argumentation wichtige Unterscheidung ein: Er unterscheidet zwischen dem allgemeinen (normativen) Rahmen unserer zwischenmenschlichen Beziehungen und der Revision besonderer Fälle innerhalb dieses Rahmens. Der (normative) Rahmen selbst kann nämlich gar nicht revidiert werden, da er den Hintergrund abgibt, vor dem überhaupt erst eine Revision sinnvoll ist. Insofern würde eine Revision des Rahmens sich selbst widersprechen, da sie etwas aufgeben würde, was sie zugleich als in Geltung seiend voraussetzen muss (an dieser Stelle lässt sich ein transzendentales Argument herauslesen, auch wenn Strawson dies nicht explizit ausführt).

Im zweiten Teil der Antwort nimmt Strawson um des

Arguments willen an, dass wir eine Wahl hätten, entweder alle reaktiven Einstellungen aufzugeben oder diese beizubehalten. In diesem Falle würde die Entscheidung nicht so ausfallen, dass wir immer die objektive Einstellung und niemals die reaktive Einstellung einnehmen würden. Denn der Standard für eine rationale Entscheidung in einem solchen Fall würde darin bestehen, unsere Entscheidung zugunsten des Wertes des menschlichen Lebens abzuwägen. Und im Zusammenhang mit einer solchen Abwägung, so Strawson, könnte die Wahrheit von TD wiederum keine Rolle spielen.

5. *Zweiter Argumentationsdurchlauf mit moralischen und selbstbezüglichen reaktiven Einstellungen*

Im fünften Abschnitt führt Strawson zwei weitere Formen reaktiver Einstellungen ein und spielt an diesen beiden Formen nochmals die gesamte Argumentation durch. Dieser Teil ist wichtig für die Moralphänomenologie, die im Aufsatz entwickelt wird. Außerdem reichert er Strawsons Argumentation weiter an.

Zunächst umreißt Strawson sein Beweisziel im vorangegangenen vierten Abschnitt. Sein Ziel war es, einen Kompromiss zwischen den beiden Positionen des Optimisten und des Pessimisten zu finden, und zwar auf einem Gebiet (reaktive Einstellungen), das für gewöhnlich nicht im Zusammenhang mit dem Determinismus untersucht wird.

Es sollte gezeigt werden, dass die reaktiven Einstellungen von der Frage nach der Wahrheit von TD in dem Sinne nicht berührt werden bzw. dass auch die Wahrheit von TD

keinen Einfluss darauf haben würde oder sollte, wie wir in unserer Moralpraxis tatsächlich miteinander umgehen. Sofern man dies als Schritt in Richtung eines Kompromisses verstehen soll, bedeutet dies, dass die bisherige Argumentation dem Pessimisten gegenüber zeigen soll, dass die Wahrheit von TD nicht so drastische Folgen haben würde wie befürchtet.

Im ersten Abschnitt hatte Strawson bereits darauf hingewiesen, dass es bei der Versöhnung um ein substantielles Eingeständnis des Pessimisten und eine formale Zurücknahme des optimistischen Ansatzes geht. Nun lässt sich hier das substantielle Eingeständnis des Pessimisten darin sehen, dass der Pessimist die metaphysische These aufgibt, dass die Welt indeterminiert sein muss, um unsere Moralpraxis zulassen zu können (damit müssten dann weitere Behauptungen folgen, etwa die, dass es in einer indeterminierten Welt eine besondere Art der nicht-kausalen Freiheit geben muss, damit unser Handeln nicht als völlig zufällig erscheint).

Strawson führt im folgenden Abschnitt eine neue Binnendifferenzierung der reaktiven Einstellungen ein und diskutiert in der Folge zwei weitere Gruppen reaktiver Einstellungen, die sich von den im dritten Abschnitt angeführten reaktiven Einstellungen unterscheiden. In der Folge wird es nicht mehr um Groll, sondern um moralische Missbilligung gehen. Strawson erläutert, was unter moralischer Missbilligung im Gegensatz zum Groll zu verstehen ist.

Zunächst wird der Begriff *moralischer* reaktiver Einstellungen eingeführt (wir werden den Ausdruck ›moralisch‹ in der Folge als einheitlichen Terminus verwenden, ob-

wohl Strawson dem Phänomen neben ›moralisch‹ verschiedene alternative Benennungen wie ›stellvertretend‹, ›generalisiert‹ oder auch ›unpersönlich‹ gibt).

Die erste Gruppe reaktiver Einstellungen nennt Strawson in Abgrenzung nun *persönliche* reaktive Einstellungen. Für die moralischen reaktiven Einstellungen gilt in Abgrenzung zu den persönlichen Einstellungen, dass die Person, die sie einnimmt, für gewöhnlich nicht selbst betroffen ist.

Greifen wir auf unser Beispiel zurück und führen noch die Figur U ein: S tritt T auf den Fuß. T empfindet Groll gegenüber S und bringt das vielleicht auch zum Ausdruck. Nun kann aber auch U gegenüber S eine reaktive Einstellung einnehmen, etwa die, S' Handlung zu missbilligen, wenn S tatsächlich in der Absicht gehandelt hatte, T zu schaden. U wäre in diesem Fall nicht selbst betroffen und kann deshalb auch keinen Groll gegenüber S empfinden. Allerdings kann U im Namen Ts Missbilligung gegenüber S zum Ausdruck bringen. Wir hatten gesagt »für gewöhnlich«, da Strawson nicht ausschließt, dass man auch als betroffene Partei neben dem Groll moralische Missbilligung zum Ausdruck bringen kann. In diesem Fall würde dann T S den Vorwurf machen, dass S etwas getan habe, das man niemandem gegenüber tun sollte. Die moralischen reaktiven Einstellungen seien »nicht wesentlich stellvertretend«, sondern »wesentlich in der Lage, stellvertretend zu sein« (vgl. S. 55). Letzteres gilt gerade für die persönlichen Einstellungen nicht.

Erneut erläutert Strawson die unserer Praxis des Einnehmens reaktiver Einstellungen zugrundeliegenden Erwartungen und Forderungen, die wir aneinander stellen.

Persönliche reaktive Einstellungen

ERWARTUNGEN/FORDERUNGEN$_{\text{stark}}$

A erwartet/fordert, dass andere A gegenüber einen gewissen Grad an

- gutem Willen zeigen,
- Beachtung zeigen.

ERWARTUNGEN/FORDERUNGEN$_{\text{schwach}}$

A erwartet/fordert, dass andere A gegenüber keine(n)

- bösen Willen zeigen,
- Gleichgültigkeit zeigen.

Diese Charakterisierung ist, wie Strawson anmerkt, neutral gegenüber der Frage, was jeweils als Ausdruck guten oder bösen Willens oder was als Ausdruck von Gleichgültigkeit *zählt*. Diese Erwartungen gelten ebenfalls für die moralischen reaktiven Einstellungen, dies jedoch nur in generalisierter Form. Das bedeutet, dass es sich anstatt um Erwartungen und Forderungen einer Person allen anderen gegenüber, vielmehr um eine Erwartung und Forderung handelt, die alle Personen allen Personen gegenüber haben.

Moralische reaktive Einstellungen

ERWARTUNGEN/FORDERUNGEN$_{\text{stark}}$

Für alle Menschen X, Y: X erwartet/fordert, dass alle anderen Y gegenüber X einen gewissen Grad an

- gutem Willen zeigen,
- Beachtung zeigen.

ERWARTUNGEN/FORDERUNGEN$_{schwach}$

Für alle Menschen X, Y: X erwartet/fordert, dass alle anderen Y gegenüber X keine(n)

- bösen Willen zeigen,
- Gleichgültigkeit zeigen.

Bevor Strawson eine dritte und letzte Untergruppe von reaktiven Einstellungen einführt, merkt er an, dass die ersten beiden, aber auch alle drei insgesamt sowohl »logisch« als auch, wie er es nennt, »menschlich« miteinander verknüpft sind.

Zunächst benennt er aber die dritte Gruppe der selbstbezüglichen reaktiven Einstellungen. Denn so, wie wir anderen Menschen gegenüber persönliche oder moralische Einstellungen einnehmen können, weil jemand uns geschadet hat (wir hegen gegen ihn also Groll als persönliche reaktive Einstellung) oder aber jemandem anders geschadet hat (wir entwickeln moralische Missbilligung als moralische reaktive Einstellung), können wir eine ähnliche Einstellung auch uns selbst gegenüber in dem Moment einnehmen, in dem wir selbst anderen gegenüber so handeln, dass legitime Erwartungen und Forderungen enttäuscht wurden. Wir machen uns dann selbst Vorwürfe, haben ein

schlechtes Gewissen oder schämen uns sogar für unsere Tat.

Die These, dass die drei Untergruppen reaktiver Einstellungen menschlich miteinander verknüpft sind, wird nun näher erläutert. Strawson fragt sich, ob die Gruppen jeweils getrennt voneinander auftreten könnten bzw. was der Fall wäre, falls sie dies tun würden. Er untersucht die Verbindung nur versuchsweise, um behaupten zu können, dass Fälle, in denen wenigstens eine der drei Arten von reaktiven Einstellungen fehlt, zumindest schwer nachvollziehbar sind oder Grenzfälle darstellen. Die These, die Gruppen seien menschlich miteinander verknüpft, wird von Strawson mit der Behauptung begründet, dass »alle diese Typen von Einstellungen [...] gleicherweise gemeinsame Wurzeln in unserer menschlichen Natur und unserer Mitgliedschaft in menschlichen Gemeinschaften« (S. 61) besäßen.

Im Folgenden untersucht Strawson, unter welchen Bedingungen man moralische reaktive Einstellungen zurücknehmen könnte oder sie gar nicht erst einnehmen würde. Welche Gründe kann es etwa gegen moralische Missbilligung geben, diese anzufechten?

Im Großen und Ganzen läuft die Argumentation ähnlich wie die Argumentation im Zusammenhang mit den Anfechtungsgründen für persönliche reaktive Einstellungen. Die erste Gruppe von Anfechtungen funktioniere nun genau so, wie für die persönlichen reaktiven Einstellungen. Man nimmt etwa die Einstellung der Missbilligung deshalb zurück, weil in der konkreten Handlung kein böser Wille zum Ausdruck kam, da die Person lediglich (und das kann man ihr nicht vorwerfen) unwissend gehandelt hat. Man rechnet das Gegenüber aber weiterhin als Mitglied zur mo-

ralischen Gemeinschaft. Wenn wir etwa beobachten, wie jemand jemandem aus Versehen auf den Fuß tritt, dann missbilligen wir dies nicht, oder tun dies zumindest nicht in dem Sinne, in dem wir es tun würden, wenn deutlich würde, dass dies nicht aus Versehen, sondern mit voller Absicht getan wurde. Wir missbilligen es, wenn andere anderen gegenüber bösen Willen zeigen und diesen schaden. In jedem Fall aber wird bei dieser Gruppe die Akteur:in als Mitglied der moralischen Gemeinschaft verstanden. Sie war in diesem Fall jedoch nicht für den in Frage stehenden Schaden moralisch verantwortlich. Strawson betont, dass Akteur-Sein ein Status moralischer Beziehungen ist. Dass wir in moralischen Beziehungen zueinander stehen, bedeutet demnach, dass wir einander jeweils den Status von Akteurschaft zuerkennen. Das bedeutet, dass wir einander gegenüber rechtmäßig bestimmte Erwartungen und Forderungen stellen und in dem Falle, dass jemand dem zuwiderhandelt, auch entsprechend tadelnd oder lobend reagieren dürfen.

Auch die zweite Gruppe von Anfechtungsgründen, also in Bezug auf solche Gründe, die das Gegenüber grundsätzlich aus dem Bereich derjenigen ausschließen, denen man angemessener Weise reaktive Einstellungen gegenüber einnehmen kann, kann man ähnlich auf die moralischen reaktiven Einstellungen übertragen.

Doch geht hier Strawson mit neuer Emphase vor: Anstatt zu sagen, dass man einem solchen Menschen gegenüber grundsätzlich keine reaktiven Einstellungen einnimmt, bezieht er sich nun auf die Erwartungen und Forderungen, die diesen Einstellungen zugrunde liegen. Wir schließen einen Menschen aus der moralischen Gemein-

schaft zumindest mit Bezug auf seine moralische Akteurschaft aus, indem wir die entsprechenden Erwartungen und Forderungen gar nicht erst haben.[3]

Ebenso wie für die persönlichen reaktiven Einstellungen ist es auch möglich, moralisch reaktive Einstellungen auszusetzen und stattdessen eine objektive Einstellung gegenüber einer Person einzunehmen, und zwar selbst dann, wenn diese Person gar nicht die Bedingungen erfüllt, die ansonsten das Haben einer objektiven Einstellung rechtfertigen. Allerdings, so Strawson, sind die Motive in diesem Fall anders gelagert.

1. Wir haben im Falle moralischer reaktiver Einstellungen gegenüber Normalen weniger Grund dazu, überhaupt eine objektive Einstellung einzunehmen, da wir wenig bis gar nicht beteiligt sind – denn wir sind ja gerade nicht betroffen. Die Intensität des Involviertseins liefert aber jedenfalls einen Grund dafür, warum wir manchmal auch ›Normalen‹ gegenüber eine objektive Einstellung einnehmen.
2. Zwischen den moralischen reaktiven Einstellungen und der objektiven Einstellung besteht geringere Spannung. Es fällt uns etwa zu Zwecken politischer Steuerung von Verhalten entweder leichter, eine objektive Einstellung einzunehmen, oder aber wir müssen an den morali-

3 An dieser Stelle ließe sich fragen, ob wir jemanden deshalb aus der Gemeinschaft ausschließen, weil er/sie kein:e moralisch verantwortliche:r Akteur:in ist, oder ob jemand kein:e moralisch verantwortliche:r Akteur:in ist, weil wir ihn/sie aus der moralischen Gemeinschaft ausschließen. Dies wird sich in der Wirkungsgeschichte des Aufsatzes als relevante Unterscheidung erweisen.

schen reaktiven Einstellungen gar nicht so viel ändern, um das nötige Wissen zu erlangen. Man könnte vielleicht sagen, dass die geringere emotionale Beteiligung den Blick dafür schärft, Verhaltensmechanismen zu erkennen.

Im Anschluss geht Strawson nun wieder der Hauptfrage nach, inwiefern die Wahrheit der TD Einfluss hat – und zwar jetzt in Bezug darauf, dass die moralischen reaktiven Einstellungen eingenommen werden. Die Antworten entsprechen denen in Abschnitt 4, nur dass sie Strawson nun in etwas anderer Reihenfolge präsentiert.

1. Strawson weist darauf hin, dass wir eine reaktive Einstellung niemals deshalb aussetzen (erste Gruppe von Anfechtungsgründen), weil das entsprechende Verhalten determiniert war. Nun könnte man meinen, dass dies doch durchaus manchmal der Fall ist. S ist vielleicht von etwas getrieben worden, das S nicht wirklich kontrolliert hat, oder S wusste nicht wirklich, was S da gerade tut. Wichtig ist hier Strawsons Zusatz, dass es sich um eine Determination handeln müsste, die in jedem Fall unseres Handelns wirksam ist – denn genau das folgt aus der Universalität von TD und der Eindeutigkeit von ›ist determiniert‹ in TD. Dieser Möglichkeit hält er einfach entgegen, dass es eindeutige Fälle gibt, in denen gilt:

- Man weiß, was man tut.
- Das eigene Verhalten ist uns im Sinne bewusster Zwecke verständlich.
- Man lebt nicht in einer Welt der Täuschung.
- Man hat einen moralischen Sinn, das heißt, man ist

empfänglich für selbstbezügliche reaktive Einstellungen.

Strawson schließt, dass keine Bedeutung von ›ist determiniert‹ für das Aussetzen moralischer reaktiver Einstellungen relevant ist. Sein Argument sieht wie folgt aus:

(P1) Nur dann, wenn ›ist determiniert‹ in TD eine Bedeutung hat, die relevant für unsere Praxis der Anfechtung ist, kann TD Einfluss auf eine Änderung dieser Praxis haben.
(P2) Der Ausdruck ›ist determiniert‹ in TD hat keine Bedeutung, die relevant für unsere Anfechtungspraxis ist.
(K) TD kann keinen Einfluss auf eine Änderung unserer Praxis haben.

Hiergegen kann man zu Recht einwenden, dass aus dem Grund, aus welchem wir bisher moralische reaktive Einstellungen ausgesetzt haben, nicht folgt, dass wir nicht dennoch Grund haben könnten, die Praxis etwa aufgrund einer durchgehenden Determiniertheit unseres Handelns zu ändern. Erst in einer möglichen Replik auf diesen Einwand wird Strawsons eigentliches Argument sichtbar. Dieses Argument könnte wie folgt aussehen:

(P1) Die Vermutung, dass die Wahrheit von TD eine Gefahr für unsere Moralpraxis ist, lässt sich nur unter Verweis auf unsere faktische Praxis der Anfechtung und der Rücknahme reaktiver Einstellungen verstehen und motivieren.

(P2) Entweder bedeutet ›ist determiniert‹ in TD, dass eine Bedingung vorliegt, die auch in unserer Praxis der Anfechtung für das Aussetzen reaktiver Einstellungen verantwortlich ist, oder es bedeutet etwas anderes.

(P3) Angenommen, ›ist determiniert‹ bedeutet dasselbe wie eine der Bedingungen für die Anfechtung in unserer Praxis. In diesem Fall kann es nicht der Fall sein, dass alles Handeln immer in diesem Sinne determiniert ist. Entsprechend dieser Deutung kann also TD nicht wahr sein. Also muss ›ist determiniert‹ in TD etwas anderes bedeuten, als alle Bedingungen unserer Praxis, die jeweils als Anfechtungsgrund aufgeführt werden können.

(P4) Angenommen ›ist determiniert‹ muss in der TD etwas anderes bedeuten, als alle Bedingungen unserer Praxis, die als Anfechtungsgrund aufgeführt werden können. In diesem Fall würde aus der Wahrheit der TD zwar folgen, dass alles Handeln in diesem Sinne determiniert ist. Allerdings könnte es nicht mehr dafür herangezogen werden, die Gefahr aus (P1) zu motivieren, da es gerade nicht das bedeutet, was in unserer Praxis der Anfechtung das Aussetzen reaktiver Einstellungen begründen kann.

(K) TD ist entweder falsch oder untergräbt die Verstehbarkeit ihrer eigenen Relevanz für unsere Moralpraxis.

2. Auch der Vorschlag, alle moralischen reaktiven Einstellungen auszusetzen, ist praktisch gesehen unvorstellbar. Nun hatte Strawson behauptet, dass wir uns nur schwerlich eine Welt vorstellen können, in der wir einander gegenüber keine persönlichen reaktiven Einstellungen mehr einneh-

men. Selbst wenn man dies einräumt, könnte man aber immer noch vermuten, dass eine Welt vorstellbar ist, in der keine moralischen reaktiven Einstellungen mehr eingenommen werden. Wie sieht es mit dieser Möglichkeit aus? Eine solche Welt sei noch schwieriger vorstellbar, so Strawson.

Eine Welt, in der wir zwar persönliche reaktive Einstellungen, aber nicht moralische reaktive Einstellungen einnehmen, wäre aus folgendem Grund eine Welt von verallgemeinerter nicht-normaler Egozentrizität, wie Strawson dies nennt: eine Person ist in Strawsons Terminologie egozentrisch, wenn sie nicht der moralischen reaktiven Einstellungen fähig ist, obwohl sie persönliche reaktive Einstellungen anderen gegenüber einnimmt, als auch anderen zugesteht, ihr gegenüber persönliche reaktive Einstellungen einzunehmen. Sie ist nicht in der Lage, im Sinne anderer für diese einzustehen, sie ist nicht empört, wenn anderen Unrecht geschieht. Nicht-normal wäre diese Egozentrizität, weil nach Strawson normalerweise immer alle drei Arten reaktiver Einstellungen zusammen vorkommen, also neben den persönlichen und den selbstbezüglichen auch die moralischen reaktiven Einstellungen. Verallgemeinert gefasst wäre dieser Zustand eine Welt, die ausschließlich von Egozentrikern bevölkert wäre, weil in dieser Welt alle Menschen immer moralische reaktive Einstellungen aussetzen bzw. solche gar nicht erst einnehmen. Diese Menschen wären aus unserer Sicht zwar nicht-normal, in dieser Welt hingegen nicht. Strawson hält eine solche Welt für noch schwieriger vorstellbar als eine Welt, in der sowohl persönliche als auch moralische reaktive Einstellungen fehlen.

3. Die Frage nach der *Rationalität* einer Welt ohne moralische reaktive Einstellungen zeigt, dass die zweite Antwort nicht verstanden wurde. Zunächst weist Strawson darauf hin, dass es nicht möglich ist, unsere soziale Welt entsprechend zu ändern. Deshalb sei es auch sinnlos, danach zu fragen, ob wir guten Grund dazu hätten, die soziale Welt zu ändern.

Im nächsten Schritt wiederholt er, dass selbst unter der Annahme, dass wir die Welt so ändern könnten, die Wahrheit oder Falschheit von TD für die Frage nach der rationalen Einrichtung unserer Welt gerade keine Rolle spielen würde. Diese Irrelevanz werde deutlich – und damit fügt Strawson einen weiteren Punkt hinzu –, wenn man sich fragt, ob denn aus der Falschheit von TD folgen würde, dass wir unsere Welt gerade so belassen sollten. Inkompatibilist:innen müssten erklären, weshalb die Vernünftigkeit unserer Praxis gesichert wäre, wenn TD falsch ist.[4]

Im letzten Absatz des fünften Abschnitts bespricht Strawson zwei Fälle, die zeigen sollen, dass der Gegensatz zwischen moralischen reaktiven und objektiven Einstellungen weniger stark gegensätzlich ist. Hier handelt es sich um Grenzfälle, die im Zusammenhang mit dem Thema des Aufsatzes besonders interessant werden.

Im ersten Fall geht es um die Erziehung von Kindern. Neben Fällen psychischer Krankheit hatte Strawson als Grund dafür, eine objektive Einstellung einzunehmen, die Tatsache genannt, dass es sich bei dem Gegenüber um ein Kind handelt. Einem Kleinkind etwa, das ununterbrochen schreit,

4 Dass Inkompatibilist:innen darauf festgelegt sind, scheint mir sehr fragwürdig zu sein.

machen wir keinen Vorwurf, dass es uns etwa stört. Ebenso wenig gehen wir davon aus, dass es mit seinem Schreien anderen bewusst Schaden zufügt. Schreien kann gar nicht als Willensausdruck[5] und also auch nicht als Ausdruck bösen Willens verstanden werden. Doch werden Kinder langsam erwachsen und erwerben immer neue Fähigkeiten, bis sie eines Tages schließlich selbst Erwachsene sind.

Wie ist dieser Prozess vor dem Hintergrund der Unterscheidung zwischen objektiven und moralischen reaktiven Einstellungen zu verstehen? Strawson selbst beschreibt den Prozess der Erziehung als einen Prozess, bei dem man zunehmend mehr reaktive und zunehmend weniger objektive Einstellungen einnimmt. Man spielt zwischenzeitlich vielleicht bestimmte Situationen des ernsthaften Erwachsenenlebens durch, und auch Kinder tun dies, und mit der Zeit weichen die nicht ernsthaften den ernsthaften Situationen immer mehr. Auch Kinder werden bestraft, allerdings sind diese Bestrafungen nicht ebenso zu verstehen wie Bestrafungen erwachsener Bürger:innen durch den Staat. Wenn das eigene Kind einen Mitschüler in der Schule angegriffen hat, dann gehen wir mit diesem Fall anders um (wir versuchen ihm zu erklären, dass und weshalb man niemanden angreifen sollte) als mit dem Erwachsenen, der einen anderen angreift. Bei Kindern wird also ein Zwischenbereich zwischen solchem Verhalten des Kindes zugelassen, das determiniert und in dem Sinne nicht voll zurechenbar ist, und solchem Verhalten, das nicht determi-

5 Dies gilt natürlich nur in einem starken Sinne von ›Wille‹. Sicherlich zeigt sich im Schreien gerade auch ein Bedürfnis und damit also etwas, das das Kind will in einem schwachen Sinne von ›Wille‹.

niert und daher durchaus zurechenbar ist. Für den Fall, dass in der Erziehung alles richtig läuft, werden sie als erwachsene Menschen weitestgehend kein derart determiniertes Verhalten an den Tag legen.

Strawson unterstreicht nun, dass die Bedeutung von ›ist determiniert‹ in TD eine solche Kompromisshaltung nicht zulässt. Er erinnert immer wieder an die Tatsache, dass die Bedeutung von ›ist determiniert‹ in TD derart sein muss, dass in dem Falle, in dem die These wahr ist, *alles* Verhalten und Handeln ausnahmslos in diesem Sinn determiniert ist.

Der zweite Fall bezieht sich auf die psychologische Therapie (Strawson spricht von der Psychoanalyse, jedoch scheint sich sein Punkt problemlos auf die psychologische Therapiepraxis im Allgemeinen übertragen zu lassen). Auch in diesem Fall nimmt eine Seite, nämlich der/die Therapeut:in, gegenüber der anderen Seite, nämlich der Patient:in, teilweise eine objektive Einstellung ein. Ein Ziel der therapeutischen Praxis, so Strawson, besteht darin, dass es weniger bis gar nicht mehr nötig ist, moralisch reaktive Einstellungen auszusetzen. Das Ziel der Praxis besteht darin, die Praxis überflüssig zu machen. Um dieses Ziel zu erreichen, muss aber der/die Therapeut:in gerade in der Praxis eben diese Einstellungen aussetzen. Wenn aber das Verhalten einer Patient:in als zwanghaft beschrieben wird und die Person aufgrund dieser Zwanghaftigkeit nicht im Vollsinne für ihr Verhalten verantwortlich ist, so dass es ihr gegenüber unangemessen wäre, reaktive Einstellungen einzunehmen, dann wäre es mit dem Ziel therapeutischer Praxis unverträglich anzunehmen, dass im Zusammenhang mit dem Determinismus ›ist determiniert‹ in diesem Sinne zu verstehen wäre. Denn das Ziel der Praxis wird gerade als ein

Zustand beschrieben, in dem das Verhalten in dem genannten Sinne nicht mehr determiniert ist. Die TD besagt aber gerade, dass in dem Falle, dass alles Verhalten und Handeln in diesem Sinne determiniert wäre, die TD wahr wäre.

6. *Wahres und Falsches in der Einstellung des Optimisten und Pessimisten: für einen richtig verstandenen optimistischen Ansatz*

Im sechsten und letzten Abschnitt führt Strawson Äußerungen vom Beginn des Aufsatzes mit seiner Analyse reaktiver Einstellungen zusammen, um das übergeordnete Ziel einer Versöhnung zwischen Optimisten und Pessimisten tatsächlich zu erreichen. Einerseits soll die Charakterisierung moralischer Verantwortung durch den Optimisten korrigiert bzw. ergänzt werden. Dies soll aber zugleich dadurch geschehen, dass man nicht wie der Pessimist über die bekannten Tatsachen hinausgehen muss.

Der/Die Pessimist:in versteht genau richtig, so Strawson, dass die Sozialtechnokratie der Optimist:in, unsere Moral- und Rechtspraxis lediglich über deren Wirkungen zu erklären, dabei einen wesentlichen Teil unserer Moralpraxis unbeachtet lässt. Die konsequentialistische Verkürzung dieser Praktiken durch den/die Optimist:in übersieht aber nicht nur einen wesentlichen Aspekt, sondern tut in gewissem Sinne den Teilnehmer:innen der Moralpraxis selbst Unrecht. Man könnte in Anspielung auf eine der Versionen von Kants kategorischem Imperativ sagen, dass der Fehler der Optimistin darin besteht, dass sie die Menschen nur als Mittel, als Instrumente für sozialpolitische Interes-

sen und nicht zugleich auch als Zwecke an sich selbst betrachtet.[6]

Strawson unterscheidet auf Seiten des Pessimisten nun zwischen einem begrifflichen und einem emotionalen Schock. Daraus zieht er zwei Kritiken am optimistischen Ansatz:

Die *begriffliche* Kritik bezieht sich auf die gerade genannte Verkürzung des optimistischen Ansatzes, der dadurch den folgenden begrifflichen Fehler begeht, die Moralpraxis ausschließlich in Begriffen der Objektivität der Einstellung zu beschreiben. Denn der Begriff der objektiven Einstellung schließt gerade den Begriff der reaktiven Einstellung aus. Die reaktiven Einstellungen sind jedoch wesentlicher, auch begrifflicher Bestandteil des Begriffs der Moralpraxis, weil die Begriffe moralischer Verurteilung und moralischer Verantwortung ein begrifflicher Bestandteil der Moralpraxis sind. Das lässt sich aber nicht alles zusammen behaupten, ohne in einen Widerspruch zu geraten.

Die *emotionale* Kritik betrifft die Forderung, die sich möglicherweise aus der Position des Optimisten ergibt. Wenn man meint, dass unsere Moralpraxis mit Verweis auf deren Wirkungen hinreichend und angemessen beschrieben ist, dann folgt daraus eigentlich, dass man beispielhaft für die Strafpraxis auch alle Täter:innen immer auf genau diese Weise verstehen muss, nämlich als Mittel, um ein erwünschtes Sozialverhalten zu erzielen. Strawson meint,

6 Vgl. Kant, GMS S. 54 f. [AA 429]: »Handle so, daß du die Menschheit, sowohl in deiner Person als in der Person eines jeden anderen, jederzeit zugleich als Zweck, niemals bloß als Mittel brauchest.«

dass daraus konsequenterweise nur folgen kann, dass man alle Menschen eben genauso betrachten müsste.

Es ergibt sich aber noch ein weiteres Problem: Denn die Forderung, alle Menschen aus einer objektiven Einstellung heraus zu betrachten, setzt voraus, dass es tatsächlich eine:n Adressat:in dieser Forderung gibt. Wer aber könnte das überhaupt sein? Strawson verweist auf die Schwierigkeiten, die (sein früherer Tutor) Mabbott in einem Aufsatz untersucht habe.

In der Folge analysiert Strawson noch genauer, was es bedeutet, dass man Täter:innen (im Bereich der Moral und des Strafrechts) gegenüber negative reaktive Einstellungen einnimmt: Was genau machen wir eigentlich, wenn wir einer Person gegenüber deswegen Groll empfinden oder Missbilligung ausdrücken, weil sie uns oder jemand anderes verletzt und damit gegen eine implizite Erwartung und eine Forderung des guten Willens verstoßen hat? Wir entziehen ihr selbst unseren guten Willen, zumindest ein Stück weit. Die Stärke dieser negativen reaktiven Einstellungen entspricht der Stärke der Verletzung, auf die diese Einstellungen Reaktionen sind bzw. zu der Haltung, die der/die Täter:in der Verletzung gegenüber einnimmt (Hatte er/sie es auf die Verletzung abgesehen? Ist es ihr/ihm gleichgültig, dass jemand anderes verletzt wurde?).

Einstellungen der Missbilligung und Verurteilung stehen mit der missachteten moralischen Forderung nach gutem Willen in Wechselbeziehung, korrelieren miteinander. Zu solchen Einstellungen geneigt zu sein, wenn böser Wille oder Gleichgültigkeit gezeigt wird, ist eben das Einfordern guten Willens. Nimmt man eine objektive Einstellung ein, bei der man das Gegenüber gerade aus der moralischen Ge-

meinschaft ausschließt, basiert die Einnahme dieser negativen reaktiven Einstellungen gerade darauf, dass man das Gegenüber weiterhin als Mitglied der moralischen Gemeinschaft versteht. Nimmt man diese Einstellungen ein, so umfasst das, so Strawson, dass man einen guten Willen und auch die Forderung zurücknehme, dass man von Leid verschont werden soll. Letzteres bedeutet, dass man in dem Fall, dass jemand verletzt wurde, selbst auch weniger stark fordert, dass die Person, die verletzt hat, ihrerseits Leid erfährt. Und dennoch setzen diese Zurücknahmen gerade voraus, dass das Gegenüber weiterhin als Mitglied der Moralgemeinschaft verstanden wird.[7]

Das führt Strawson im Folgenden an dem Fall weiter aus, dass Leidzufügungen geduldet werden. Diese Duldung erstreckt sich nicht nur auf unbeteiligte Dritte, die auf diese Weise eine moralische reaktive Einstellung einnehmen, sondern auch auf Täter:innen und damit auf diejenigen, die eine selbstbezügliche reaktive Einstellung einnehmen. Die Strafe zu erdulden bedeutet dann, anzuerkennen, dass die Erwartungen und Forderungen, gegen die man verstoßen hat, angemessen waren, dass man bösen Willen gezeigt hat und also auch der Entzug guten Willens und etwaig die Zufügung von Leid angemessen ist. Das wiederum bedeutet, dass man auf diese Zufügung von Leid gerade nicht mit einer persönlichen reaktiven Einstellung antwortet, die unter normalen Bedingungen angemessen wäre, nämlich mit Groll.

7 Das scheint mir ein Grund dafür zu sein, weshalb Hegel meint, dass durch die Strafe »der Verbrecher als Vernünftiges g e e h r t« (GL § 100 Anm.) werde.

Zunächst stellt Strawson zwei Dinge klar:

1. Mit dem Vorangegangenen soll nicht behauptet werden, dass die Duldung der Zufügung von Leid und entsprechende reaktive Einstellungen miteinander einhergehen oder aufeinanderfolgen.
2. Auch wird nicht behauptet, dass die Wirkung der Moral- und Strafpraktiken irrelevant seien. Die Betrachtung dieser Praktiken auf nur diese Wirkung zu beschränken, lässt zwar Wesentliches aus, auf das der Pessimist gerade hinweisen soll. Allerdings schlägt Strawson nun vor, dass diesem Wesentlichen dadurch Genüge getan werden kann, dass man sich genauer die Moralpraxis anschaut, so wie er es in seiner Analyse reaktiver Einstellungen getan hat. Man muss also seines Erachtens nicht, wie es beim Pessimisten geschieht, zusätzliche Annahmen machen, um die Moralpraxis abzusichern. Was wir mit der Verwendung von Ausdrücken wie ›Verantwortung‹, ›Schuld‹ oder ›Verdienst‹ meinen, erschließt sich uns dann, wenn man sich die genannte Moralpraxis genau anschaut. Das und nur das bedeuten dann eben die entsprechenden Ausdrücke. Und sie bedeuten nicht etwas, das auf etwas Dahinterliegendes verweist, wie etwa die Falschheit einer universellen These des Determinismus oder eine besondere Form nicht-kausaler Verursachung aus Freiheit. Damit argumentiert Strawson also dafür, dass der pessimistischen Sorge begegnet werden kann, ohne die Zusatzannahme des Pessimisten machen zu müssen. Das bedeutet im Umkehrschluss, dass für eine Versöhnung beider Positionen der Pessimist seine Metaphysik aufgeben müsste.

Strawson verweist nun auf einen beiden Positionen gemeinsamen Fehler: Beide Positionen überintellektualisieren unsere Moralpraxis, wenn auch auf verschiedene Weise. Diese Überintellektualisierung wiederum resultiert daraus, dass sie einen wichtigen Unterschied übersieht: Strawson unterscheidet zwischen dem Rahmen unserer Moralpraxis, Modifikationen einzelner Einstellungen und Reaktionen innerhalb dieses Rahmens auf der einen und der Modifikation dieses Rahmens selbst auf der anderen Seite. Letztere sei eben genau deshalb nicht möglich, weil dieser Rahmen mit jeder existierenden menschlichen Gemeinschaft bereits gelten muss. Umgekehrt bedeutet dies, dass die Tatsache, dass man diesen Rahmen in Frage stellt, selbst voraussetzen müsste, dass dieser Rahmen bereits in Geltung ist. Jede Rechtfertigung kann nur innerhalb eines Rahmens erfolgen.

Hier wird also eine neue und erweiterte Antwort auf die Frage präsentiert, ob wir unsere Moralpraxis ändern müssten, sollte die These des Determinismus wahr sein. Die Behauptung, dass die Praxis geändert werden müsste, kann, so Strawson, nur extern gerechtfertigt werden, und so etwas ist weder nötig noch möglich.

Strawson behauptet, dass sowohl der Optimist als auch der Pessimist diese Tatsache nicht akzeptieren und deshalb eine Überintellektualisierung vornehmen. Die Überintellektualisierung des Optimisten besteht in dessen Konsequentialismus, der unsere Praxis erklären soll. Überintellektualisiert ist diese Position deshalb, weil aus einem empiristischen Ansatz heraus alle Phänomene möglichst stimmig erklärt werden sollen, ohne dass die Phänomene im Detail untersucht werden: Der Optimist verliert aus

Systemzwang, könnte man vielleicht sagen, relevante Aspekte aus dem Blick.

Die Überintellektualisierung des Pessimisten besteht nun darin, dass er zwar alle relevanten Aspekte der Phänomene erfasst, jedoch vorschnell auf metaphysische Annahmen zurückgreift, ohne dabei zu bemerken, dass die Tatsachen selbst bereits alles Nötige bereitstellen. In einer Fußnote parallelisiert Strawson die Argumentation über den Begriff des Rahmens unserer Moralpraxis mit der Rechtfertigung der Induktion als Beweismethode.[8]

Auch Moralskeptiker:innen begehen den Fehler einer Überintellektualisierung, so Strawson. Sie sehen sowohl die Notwendigkeit, den optimistischen Ansatz zu ergänzen, als auch den Mangel der indeterministischen pessimistischen Metaphysik, folgern dann aber daraus, dass die zentralen Ausdrücke unserer Moralpraxis unerachtet der Frage nach der Wahrheit der TD keine Bedeutung haben.

Drei Probleme werden benannt, die eine adäquate Sicht auf den Charakter der Moralpraxis erschweren. Sie haben mit der Tatsache zu tun, dass die einzelnen Phänomene zunehmend (bereits 1962) Gegenstand empirischer, genauer sozialwissenschaftlicher und (sozial-)psychologischer Forschung geworden sind:

1. Das *erste* und relativ einfach zu lösende Problem ergibt sich aus einem Zuwachs an empirischem Wissen über die Verschiedenheit der Formen, die die genannten reaktiven

8 Hieronymi baut ihre Interpretation Strawsons stark auf dieser Parallele auf und verweist dazu auch auf das 9. Kapitel in Strawsons früherer *Introduction to Logical Theory* von 1952. Hieronymi 2020, insb. S. 54–59.

Einstellungen annehmen können, und zwar sowohl historisch als auch kulturell gesehen.

Nehmen wir als Beispiel das Thema der Scham. Fragen wären etwa: Was ist Scham? Ist Scham ein notwendiges Gefühl? Gibt es bestimmte Situationen, in denen Scham zu empfinden immer und überall angemessen ist? Ist es überhaupt sinnvoll, Scham zu empfinden? Bei der Beantwortung dieser Fragen könnte man dann entweder den Fehler begehen, Kontingentes, etwa Zeit- oder Ortsvariantes, als notwendiges und allgemeines Merkmal gesellschaftlicher Moralpraktiken zu verstehen. Umgekehrt könnte aber auch der Fehlschluss gezogen werden, dass das ganze Unterfangen Strawsons letztlich nur empirische Forschung ist und überhaupt nichts Generelles über menschliche Gesellschaften auszusagen vermag. Er verweist darauf, dass es sicherlich nicht notwendig ist, *wie* und aufgrund welchen Verhaltens Verantwortungen verteilt werden. *Dass* aber Verantwortungen verteilt werden, sei menschlich-gesellschaftlich notwendig.

2. Das *zweite* Problem ist gewichtiger, so Strawson, und ergibt sich aus psychologischen Studien über Selbsttäuschung und Übertragungen von Schuld.[9] Wenn es häufiger vorkommt, als wir denken, dass wir etwa reaktive Emotionen, die wir selbst empfinden sollten, auf andere projizieren und damit das Phänomen gerade nicht angemessen in den Blick bekommen, könnte das ganze Unternehmen einer philosophischen Moralpsychologie zum Scheitern verurteilt sein. Allerdings sollte die Möglichkeit einer Täu-

9 Möglicherweise fallen hier Fälle von Abwehrmechanismen darunter. Klassisch dazu Anna Freud [1936] 2021.

schung nicht darüber hinwegtäuschen, dass wir die Phänomene doch angemessen erfassen können und dies häufig auch tun.[10]

3. Schließlich ergibt sich als *drittes* Problem, wie sehr diese historisch-soziologischen und psychologischen Forschungen geschätzt werden. Eine übermäßige Schätzung könnte dazu führen, die Relevanz und die eigentliche Rolle der Philosophie zu übersehen. Denn man muss, um etwa sozialwissenschaftlich und psychologisch die entsprechenden Phänomene zu untersuchen, eine objektive Einstellung einnehmen. Und genau das kann man sich nach Strawsons Ansicht in der Philosophie nicht leisten. Hier muss man für eine adäquate Erfassung des Phänomens gerade auch aus der Teilnehmer:innenperspektive heraus reflektieren (diese methodische Anmerkung passt dabei zu der früher gemachten Bemerkung, dass der damals gegenwärtige Philosophiestil zu kühl sei, um adäquat zu erfassen, was es genau bedeutet, in die alltäglichen zwischenmenschlichen Beziehungen eingebunden zu sein).

Der Aufsatz schließt mit einer Zusammenfassung von Strawsons eigener Position: Er vertritt einen modifizierten optimistischen Ansatz und damit nach heutiger Terminologie einen kompatibilistischen Ansatz. Diese Position erkennt zwar einerseits den Aspekt der Wirksamkeit unserer Moralpraxis an, lehnt es aber ab, dass gerade darin das Moralische dieser Praxis bestehen sollte. Stattdessen zeigen sich unsere moralischen Einstellungen gerade in dieser Pra-

10 Gerade die Diagnose, dass A projiziert, präsupponiert, dass es klare Fälle von nicht-Projektion gibt.

xis, moralische Verantwortung zuzuschreiben oder diese Zuschreibungen anzufechten. Unsere Praktiken drücken unsere moralische Natur aus, anstatt lediglich Mittel zum Zweck zu sein. Und erst wenn man dies versteht, dann versteht man auch, weshalb bestimmte Praktiken überhaupt die Wirksamkeit haben, von der die Rede war.

Wirkung: Von bloßer terminologischer Anknüpfung zu konstruktiven Ansätzen

Der Aufsatz Strawsons entfaltete seit seinem Erscheinen 1962 bis heute eine breite Wirkung. Es wurde Kritik an der Argumentation geübt und es fand eine Rezeption innerhalb der Willensfreiheitsdebatte statt. Zudem hatte der Aufsatz Einfluss auf Debatten um den Begriff moralischer Verantwortung, die (teils) unabhängig der Willensfreiheitsthematik geführt werden. Auch finden sich konstruktive Anknüpfungen an Strawsons Position.[11] In jüngerer Zeit hat auch eine Übertragung von Teilen seiner Argumentationen in Diskussionen der Erkenntnistheorie stattgefunden. Schließlich wurde in jüngster Zeit in Arbeiten zur Feministischen Philosophie an Strawsons Begriff der reaktiven Einstellung und seine Konzeption angeknüpft. Im Folgenden werde ich auf vier dieser genannten Rezeptionsstränge eingehen.

11 Wallace, McKenna, aber auch Habermas.

1. Reaktiver Kompatibilismus – Die Willensfreiheitsthematik

Strawsons Position eines modifizierten optimistischen Ansatzes wird heute als reaktiver Kompatibilismus bezeichnet.[12] Der Kompatibilismus besagt, dass unsere Willensfreiheit mit einer durchgängigen Determiniertheit der Welt verträglich ist. Wir sind willensfrei, zumindest in dem von unserer Moralpraxis unterstellten Sinn. Außerdem spielt es für diese Praxis keine Rolle, dass die Frage nach der Wahrheit der These des Determinismus auch tatsächlich beantwortet wird. Daher ist Strawsons Position in die genannten Ansätze gar nicht integrierbar, da ihn die Wahl zwischen Determinismus oder Indeterminismus nicht interessiert.[13] Er lehnt es lediglich ab, dass unsere Moralpraxis die Wahrheit der These voraussetzt, dass die Welt nicht durchgängig determiniert ist. Doch ist diese Position in Bezug auf Willensfreiheit wirklich überzeugend?

Ein gewichtiger Einwand lautet, dass unsere alltägliche Moralpraxis ebenso wie staatliches Strafen voraussetzt, dass wir in unserem Handeln grundsätzlich alternative Möglichkeiten haben. Was auch immer Determinismus genau bedeutet: Für den Ansatz scheint es zentral zu sein, dass alles, was in der Welt geschieht, eben genau so geschehen muss. Das wiederum würde dann alternative Möglichkeiten und damit eine notwendige Bedingung für die Sinnhaftigkeit unserer Moral- und Strafpraxis unmöglich ma-

12 Walter 2018, S. 205.
13 Keil 2017, S. 77.

chen.[14] Strawsons Text liefert keine Antwort, so dass Vertreter:innen eines reaktiven Kompatibilismus die Theorie erweitern müssten.

2. *Verantwortung und Zuschreibung – Das Thema moralischer Verantwortung*

Unabhängig von der Argumentation in Zusammenhang mit der Willensfreiheitsthematik ist Strawsons Beitrag auch einflussreich für Theorien moralischer Verantwortung geworden. In diesen Theorien geht es um die Frage, worin genau moralische Verantwortung besteht. Woran liegt es, dass eine Person für einen Schaden verantwortlich ist, so dass man ihr gegenüber berechtigt Vorwürfe erheben kann? Und wie verhalten sich Vorwerfbarkeit und Verantwortung zueinander?

Aus Strawsons Ansatz scheint zunächst zu folgen, dass unsere Zuschreibung von Verantwortung etwa in Form eines Urteils darüber, dass S für einen bestimmten Schaden verantwortlich ist, selbst festlegt, dass jemand verantwortlich ist. Und so grob kann die Behauptung natürlich nicht stehen bleiben. Denn aus der bloßen Tatsache, dass T behauptet, S sei für einen Schaden verantwortlich, folgt sicherlich nicht, dass S auch tatsächlich für den Schaden verantwortlich ist. T könnte sich ja irren oder S absichtlich die Schuld zuschieben, obwohl T selbst den Schaden verursacht hat. Also benötigt man gewisse Kriterien, die wir auswählen, um festzulegen, dass jemand für etwas verant-

14 Keil 2017, S. 76–80.

wortlich ist. Damit verschiebt sich die Frage dahingehend, ob die Merkmale, aufgrund derer wir jemandem berechtigterweise Verantwortung zuschreiben, unabhängig von unserer Praxis des Zuschreibens sind oder nicht. Oder anders formuliert: Wie verhalten sich »verantwortlich sein« und »(berechtigterweise) verantwortlich gemacht werden« zueinander?

Dass Strawson Kritik an der Zuschreibung von Verantwortung zulässt, folgt bereits daraus, dass er gerade verschiedene Gründe, diese anzufechten, analysiert. Es bietet sich an, von unserer Praxis, Verantwortung zuzuschreiben oder anzufechten, zu sprechen.

Wenigstens zwei grundlegend verschieden Ansätze lassen sich voneinander unterscheiden, wie man das Verhältnis zwischen verantwortlich *sein* und verantwortlich *gemacht werden* verstehen kann.

1. Von allen geteilt wird die These: Wir sind nur dann berechtigt, jemanden für etwas verantwortlich zu machen, wenn die Person auch tatsächlich dafür verantwortlich ist. Nun vertreten manche die zusätzliche These, dass »verantwortlich sein« von Sachverhalten abhängt, die unabhängig von unserer Praxis des Zuschreibens sind. Die Zuschreibungspraxis könnte man dann beschreiben als den Versuch, diese Sachverhalte daraufhin zu überprüfen, ob sie tatsächlich bestehen.
2. Dem entgegengesetzt sind solche Ansätze, die »verantwortlich sein« nicht unabhängig unserer Praxis analysieren. Gegen diese zweite Konzeption, die Strawson und dem Strawsonianismus zugeschrieben wird, haben insbesondere John Martin Fischer und Mark Ravizza argu-

mentiert.[15] Sie kritisieren die systematische Einebnung des Unterschiedes zwischen Verantwortung und Zuschreibung. Ihnen ist auch klar, dass Strawson Revisionen von Zuschreibungen zulässt – denn auf dieser Tatsache beruht die gesamte Argumentation der Anfechtungsgründe. Die Kritik richtet sich gegen die Tatsache, dass durch diese Einebnung die Zuschreibungspraxis nicht mehr die objektiven Merkmale des Verantwortlichseins in den Blick bekommt.[16]

Im Gegensatz dazu hat Wallace dafür argumentiert, dass die Hauptfrage nicht die sei, »ob unsere Praxis, andere für verantwortlich zu halten, auf Tatsachen über die Verantwortlichkeit zurückgeht, die vor und unabhängig dieser Praxis als Ganzer bestehen«.[17] Er lehnt damit also von der Praxis unabhängige Bedingungen für das verantwortlich Sein ab.

Der Strawsonianismus ist in diesem letzteren Sinne dem sogenannten Askriptivismus sehr nahe. Als Hauptthese des Askriptivismus lässt sich die Behauptung nennen, dass Handlungsbegriffe, aber auch Begriffe von Verantwortung, Schuld oder Entschuldigung anfechtbare Begriffe sind. Damit ist im Anschluss an einen Aufsatz des britischen Rechtsphilosophen H. L. A. Harts gemeint, dass diese Begriffe ihre Bedeutung durch die Praxis des Zu- und Absprechens erhalten. Die Nähe des Strawsonianismus zu diesem Askriptivismus zeigt sich insofern, als man Strawsons Analyse so lesen kann, dass die zentralen Begriffe unserer

15 Fischer/Ravizza 1998.
16 McKenna/Russell 2008, S. 12.
17 Wallace 1994, S. 5.

Verantwortungspraxis als anfechtbare Begriffe zu verstehen sind.[18] Das könnte die These nach sich ziehen, dass wir »verantwortlich sein« nicht unabhängig von unserer Zuschreibungspraxis bestimmen können.

Eine Sorge, die sich bei der Einebnung des Unterschieds zwischen Verantwortung und Zuschreibung einstellen kann, betrifft die Frage nach intersubjektiv nachvollziehbarer Kritik innerhalb unserer Praxis. Insbesondere mit Bezug auf Gefühle, die in Strawsons Ansatz eine zentrale Rolle spielen, kann der Ansatz schnell dazu verleiten, dass wir rationale Kritik und damit die Rationalität der Praxis selbst nicht mehr zulassen können. Dies hängt davon ab, ob Gefühle selbst rationaler Kritik zugänglich sind. Denn wenn T gegenüber S Groll empfindet, weil S gegenüber T etwas getan hat, das T einen Schaden zufügt, dann sollte das Bestehen dieses Gefühls nicht hinreichend dafür sein, dass T auch berechtigt ist, etwa Vorwürfe gegenüber S zu erheben.

3. *Strawsonianische Moraltheorie*

Hier sollen zwei Anknüpfungen an Strawson besprochen werden, die ich unter dem Label »Strawsonianische Moraltheorie« fassen möchte. Darunter verstehe ich die Teile des Aufsatzes Strawsons, die insgesamt dem Anspruch nach notwendige Aspekte einer jeden Moralgemeinschaft beschreiben, teils mit Argumenten, die man dem Anspruch nach als transzendentale Argumente verstehen kann.

18 Für eine Einbettung Strawsons in die Diskussion um den Askriptivismus siehe Meyer/Quante 2016, insb. S. 220–222.

Jürgen Habermas hat bereits 1983 in *Moralbewußtsein und kommunikatives Handeln* konstruktiv an Strawson angeknüpft.[19] Dazu dient ihm Strawsons Aufsatz der Beschreibung derjenigen Phänomene, die innerhalb einer philosophischen Ethik zur Grundlage von Normaussagen gemacht werden. Das, was bisher Strawsons Moralphänomenologie genannt wurde, dient Habermas dabei dem Zweck, diejenigen Aussagen richtig zu erfassen, deren Geltung wir in unserer Moral erheben und die von einer Ethik erklärt werden sollten. Dabei werde der »Realitätsgehalt moralischer Erfahrungen«[20] durch eben die Analyse der reaktiven Einstellungen erfasst. Habermas verwendet also Strawsons Analyse reaktiver Einstellungen und die damit einhergehenden Entschuldigungs- und Rechtfertigungsstrategien nicht, um Fragen nach der Willensfreiheit zu beantworten, aber auch nicht, um das Phänomen moralischer Verantwortung zu analysieren. Stattdessen geht es ihm um die Geltung derjenigen Normen, die wir in unseren Erwartungen aneinander unterstellen. Die Erwartungen wiederum zeigen sich eben gerade in dem Einnehmen reaktiver Einstellungen, wie wir gesehen haben.

»Entschuldigungen sind gleichsam Reparaturen, die wir an gestörten Interaktionen vornehmen.«[21] Dass es sich bei den analysierten gerade um reaktive Einstellungen handelt, soll nach Habermas zeigen, dass diese »nur in der performativen Einstellung eines Interaktionsteilnehmers möglich sind.«[22] Daraus ergibt sich dann eine methodologische

19 Habermas 1983, S. 55–60.
20 Ebd., S. 55.
21 Ebd., S. 56.
22 Ebd., S. 57.

Forderung an das Betreiben für philosophische Ethik. Man muss die Phänomene der Moral so erfassen, wie man sie nur aus einer Teilnehmer:innenperspektive erfassen kann. Wenn man dies einsehe, werde auch verständlich, dass wir »das Engagement, das wir als Angehörige einer Lebenswelt übernommen haben, [...] nicht nach Belieben aufkündigen«[23] können.

Eine für Habermas relevante dritte Beobachtung Strawsons besteht darin, dass die persönlichen reaktiven Einstellungen implizit bereits auf die moralischen reaktiven Einstellungen, beziehungswiese auf sozial geteilte normative Standards verweisen, an denen das Verhalten aller Mitglieder einer Gruppe oder im Falle moralischer Standards das Verhalten aller moralischer Akteur:innen gemessen wird. Solange es sich nur um Interaktionen zwischen zwei Individuen handelt, ist noch nicht klar, ob der normative Standard nicht vielleicht rein idiosynkratisch ist. Allerdings: »Dem Vorwurf des Gekränkten können die Skrupel dessen, der ein Unrecht begangen hat, entsprechen, wenn dieser erkennt, daß er in der Person des Betroffenen zugleich eine unpersönliche, jedenfalls überpersönliche, für beide Seiten gleichermaßen bestehende Erwartung verletzt hat.«[24] »Erst der Anspruch auf allgemeine Geltung verleihe einem Interesse, einem Willen oder einer Norm die Würde moralischer Autorität.«[25]

Die letzte Beobachtung besteht darin, dass diese impliziten Standards nicht nur einfach akzeptiert, sondern als legi-

23 Ebd., S. 57.
24 Ebd., S. 58.
25 Ebd., S. 59.

timerweise geltend verstanden werden, womit die Annahme einhergeht, dass sie gerechtfertigt sind bzw. im Zweifel gerechtfertigt werden können. Das ist für Habermas ein wichtiges Ergebnis, da erst dadurch der genuine Gegenstand der philosophischen Ethik generiert wird: die Rechtfertigung für die Geltung bestimmter praktisch-normativer Aussagen. Daraus ergibt sich die Forderung für Habermas: keine gute Ethik ohne eine Moralphänomenologie.

> Strawson's Phänomenologie des Moralischen gelangt also zu dem Ergebnis, daß sich die Welt moralischer Erscheinungen nur aus der performativen Einstellung von Interaktionsteilnehmern erschließt; daß Ressentiments, überhaupt persönliche Gefühlsreaktionen, auf überpersönliche Maßstäbe der Beurteilung von Normen und Geboten verweisen; und daß die moralisch-praktische Rechtfertigung einer Handlungsweise auf einen anderen Aspekt abzielt als auf die gefühlsneutrale Beurteilung von Zweck Mittel-Zusammenhängen, selbst wenn diese sich von Gesichtspunkten sozialer Wohlfahrt leiten läßt. Daß Strawson Gefühle analysiert, ist nicht zufällig. Offenbar haben Gefühle eine ähnliche Bedeutung für die moralische Rechtfertigung von Handlungsweisen wie Wahrnehmungen für die theoretische Erklärung von Tatsachen.[26]

Schließlich hat Pamela Hieronymi mit ihrem Buch *Freedom, Resentment, and the Metaphysics of Morals* 2020 eine ausführliche Rekonstruktion der Argumentation von Frei-

26 Ebd., S. 60.

heit & Groll vorgelegt. Auch wenn die Arbeit Hieronymis eine Argumentationsrekonstruktion ist, kann sie dennoch als konstruktives Anschließen verstanden werden. Dies nicht nur deshalb, weil Hieronymi Strawsons Position affirmativ gegenübersteht, sondern auch, weil sie Vorschläge macht, wie man die Argumentation jeweils verstehen sollte, womit bereits ein konstruktives Anknüpfen gegeben ist. Insbesondere die Analyse der Moralmetaphysik, wie sie es nennt, entspricht in etwa dem, was Habermas die Phänomenologie des Moralischen nennt. Auch für Hieronymi sind die unserer Moralpraxis zugrundeliegenden Annahmen relevant, und insbesondere die Idee, zwischen einer der Praxis externen und einer internen Perspektive und Rechtfertigung zu unterscheiden. Bedingung der Möglichkeit einer jeden Moralpraxis, so könnte man sagen, ist, dass es bestimmte diese Praxis konstituierende Normen gibt, die Rechtfertigungen innerhalb dieser Praxis allererst ermöglichen. Die Bedingungen der Möglichkeit der Praxis können dann aber selbst nicht außer Geltung gesetzt werden und sind in dem Sinne unausweichlich, unhintergehbar.

4. *Feministische Philosophie und reaktive Einstellungen*

In den letzten Jahren ist Strawsons Analyse reaktiver Einstellungen zunehmend von feministischen Philosoph:innen aufgegriffen worden.[27] In Kate Mannes bekanntem

27 Manne 2019 verwendet allerdings den Ausdruck lediglich und benennt reaktive Einstellungen. McKiernan 2022 und Ciurria 2014 und 2020 hingegen gehen expliziter auf Strawson ein.

Buch *Down Girl*[28] etwa wird immer wieder die Rede von reaktiven Einstellungen bemüht, um das Phänomen der Misogynie in unseren heutigen Gesellschaften zu beschreiben. Manne nutzt Strawsons Begriff und das dadurch beschriebene Phänomen (das verantwortlich Machen), um auf grundlegendere Formen von Misogynie, die sich nicht in einzelnen Handlungen erschöpfen, hinzuweisen.[29] Damit einher geht eine Kritik an Strawson, sofern er beispielsweise in seiner Moralphänomenologie nicht so sehr die Perspektive derjenigen in den Blick nimmt, denen gegenüber negative reaktive Einstellungen eingenommen werden – diejenigen, die kritisiert werden, denen Vorwürfe gemacht werden und die möglicherweise auch sanktioniert werden.[30] Man könnte sagen, Manne verwendet Strawsons Moralphänomenologie als Analyseinstrument, um Formen von Misogynie zu beschreiben.

Eine andere Autorin, Michelle Ciurria, nutzt Strawsons Ansatz, zeigt aber auch dessen Grenzen auf und übt insofern Kritik aus einer feministischen Perspektive. Positiv sieht sie den Verweis auf unsere sozialen Praktiken als Grundlage für eine Analyse des Phänomens moralischer Verantwortung. Negativ daran ist Strawsons eigene idealisierende Ansicht dessen, wie diese Praktiken geordnet sind und wo sie progressiven Entwicklungen gerade im Weg stehen. Der Fortschritt Strawsons im Gegensatz zu früheren Theorien moralischer Verantwortung bestehe darin, dass er Verantwortung als Bestandteil zwischenmenschlicher Prak-

28 Manne 2019.
29 Ebd., Kap. 1.
30 Ebd., S. 18–22.

tiken analysiere, allerdings basiere seine Analyse auf einer idealen Theorie, wohingegen nach Ciurria konstruktiv so an Strawson angeknüpft werden müsse, dass man Verantwortung im Rahmen einer nicht-idealen Theorie analysiere. Der Unterschied zwischen idealer und nicht-idealer Theorie geht auf John Rawls *A Theory of Justice* (1971; dt. *Eine Theorie der Gerechtigkeit* zurück, 1975), wobei sich Ciurria allerdings auf die Version Charles Mills' bezieht. Eine ideale Theorie nach Rawls unterstellt (im Sinne einer modelltheoretischen Vereinfachung), dass alle Mitglieder einer Gesellschaftsordnung immer normkonform handeln. Zwar beschreibt Strawson gerade Phänomene der Normdevianz, allerdings werden auch diese in dem Sinne ideal beschrieben, dass etwa Personen, die gegen der Praxis inhärente Erwartungen und Normen verstoßen haben, aufgrund des Normenverstoßes selbstbezügliche reaktive Einstellungen wie etwa die Reue einnehmen. Erst durch eine nicht-ideale strawsonianische Theorie der Verantwortung bekomme man aber Phänomene der Unterdrückung in den Blick.

In der Folge kritisiert Ciurria dann aber Strawsons Ansatz wesentlich stärker, wenn sie behauptet, dass Verantwortungszuschreibungen gerade zur Unterdrückung verwendet werden. Insbesondere stellten sie Doppelbotschaften (*double bind*) her, da die vielen Verantwortungszuschreibungen zugrundeliegenden Normen derartige Anforderungen an unterdrückte Gruppen stellten, dass man es weder durch Normkonformität noch durch Normdevianz richtig machen könne.

Unklar bleibt, ob Ciurria behaupten möchte, dass reaktive Einstellungen bzw. das Einnehmen reaktiver Einstellungen per se problematisch ist, oder, ob sie meint, dass es pro-

blematisch ist, wenn man nicht sieht, dass diese durchaus zur Aufrechterhaltung unterdrückender Zustände dienen können.

Strawsons Behauptung besagt, dass es notwendig ist, dass es so etwas wie reaktive Einstellungen und das Einnehmen reaktiver Einstellungen überhaupt gibt. Das hieße, dass es auch notwendig ist, dass es so etwas wie objektive Einstellungen bzw. das Einnehmen objektiver Einstellungen gibt, und damit einhergehend auch partielle Ausschlüsse aus der Moralgemeinschaft im Vollsinne. Das wäre dann aber verträglich damit, dass man missbräuchliche, weil Unterdrückung perpetuierende Zuschreibungspraktiken kritisiert. Insbesondere in der starken transzendentalphilosophischen Lesart Strawsons besteht eine seiner Thesen gerade darin, dass es Bedingung der Möglichkeit einer jeden Gemeinschaft ist, einander gegenüber reaktive Einstellungen einzunehmen. Ob die diesen Einstellungen zugrundeliegenden Normen und Erwartungen selbst ex- oder inklusiv sind, ob sie unterdrückende Funktion haben und den Interessen einer bestimmten Gruppe dienen oder nicht, ist dann eine weitere zu klärende normative Frage. Hier bleibt Ciurria allerdings mehrdeutig.

Schließlich ist nicht klar, und dazu verhält sich Ciurria nicht, wie diese kritische Lesart Strawsons zu den Schlussbemerkungen des Aufsatzes steht, in denen Strawson gerade darauf hinweist, dass man vorsichtig sein muss, um nicht zeitgebundene, idiosynkratische Ansichten über (Un-)Angemessenheit reaktiver Einstellungen als allgemeine Merkmale reaktiver Einstellungen anzusehen.

Amy McKeirnan (2022) schließlich argumentiert, dass eine Sorge-Ethik (*care ethics*) als gutes moralphilosophi-

sches Supplement zu Strawsons Theorie verstanden werden kann. Auch McKeirnan argumentiert, dass Strawson nicht in den Blick nimmt, wie die Praxis reaktiver Einstellungen in unterdrückenden Kontexten operieren. So formuliert scheint McKeirnan näher an der These zu sein, dass die reaktiven Einstellungen nicht selbst inhärent unterdrückende Funktion haben, in unterdrückenden Kontexten allerdings eine solche Rolle leicht übernehmen können und oft auch tun. Und dann wird es schwierig, ihre unterdrückende Wirkung zu fassen.

Die jüngere feministische Rezeption des Aufsatzes Strawsons zeigt auf, inwiefern die moralphänomenologische Analyse unserer Zuschreibungspraktiken dabei helfen kann, diese inhärenten unterdrückenden und diskriminierenden Anteile und Mechanismen aufzudecken, um diese dann kritisieren zu können. Die teils sicherlich berechtigte Kritik an Strawsons eigener zeitgebundener Beschreibung dieser Praktiken darf dann nicht über das allgemeinere Potential des Ansatzes hinwegtäuschen.

Wie auch immer man sich in diesen Fragen verorten möchte, klar sollte geworden sein, dass der Aufsatz Strawsons weiterhin ein Klassiker der Philosophie des 20. Jahrhunderts ist, an den konstruktiv, wenn auch kritisch anzuknüpfen sich lohnt.

Zum Autor

Peter Frederick Strawson wurde am 23. November 1919 in London geboren. Er wuchs im Londoner Vorort Findley auf und besuchte dort das Christ's College. Ab 1937 studierte er am St. John's College in Oxford Philosophie, Politikwissenschaften und Volkswirtschaft. Am St. John's College hatte Strawson John David Mabbott (1898–1988) als Tutor. Er leistete ab 1940 sechs Jahre Wehrdienst. Im Anschluss lehrte er ein Jahr lang am University College in Wales, um ab 1947 bis zu seiner Emeritierung in Oxford zu wirken. Dort übernahm er 1968 als Nachfolger Gilbert Ryles (1900–1976) den Lehrstuhl des Waynflete Professor of Metaphysical Philosophy als Fellow des Magdalen Colleges. 1960 wurde Strawson in die British Academy aufgenommen. Dort hielt er 1962 als Gastwissenschaftler den Vortrag »Freedom and Resentment«, der später in den *Proceedings* erschien. Im Jahr 1977 wurde er zum Knight Bachelor geschlagen und damit in den Adelsstand erhoben und trug seitdem den Zusatz »Sir«. Strawsons Emeritierung erfolgte 1987. Sein Sohn Galen Strawson (*1952) wandte sich ebenfalls der Philosophie zu. Sir Peter Frederick Strawson starb am 13. Februar 2006 in Oxford.

Inhalt